Sydende: En kulinarisk rejse gennem sydvestlige smagsoplevelser

100 FRISKE OG AUTENTISKE TEX-MEX OPSKRIFTER

Ole Arvidsson

Copyright materiale ©202 3

Alle rettigheder forbeholdes

Uden korrekt skriftligt samtykke fra udgiveren og copyright-indehaveren kan hans bog ikke bruges eller distribueres på nogen måde, form eller form, undtagen for korte citater, der er brugt i en anmeldelse. Denne bog bør ikke betragtes som en erstatning for medicinsk, juridisk eller anden professionel rådgivning.

INDHOLDSFORTEGNELSE

INDHOLDSFORTEGNELSE..3
INTRODUKTION...7
SNACKS..9
1. Ristede-hvidløg søde kartofler...............................10
2. Brændt blomkål..12
3. Ristede gulerødder..14
4. Pozole tilbehør...16
5. Grillet Prickly Pear Cactus...................................18
6. Chiles Anchos Rellenos.......................................20
7. Rosmarinristede kartofler med sorte bønner.........23
8. Okseplantain omelet...26
9. Rismelsboller...29
HOVEDRET..31
10. Kylling i mandelsovs..32
11. Gratineret torsk..35
12. Mexicanske bønner..38
13. Stegt fisk med sauce..40
14. Oksekødsstuvning..43
15. Mexicansk sort bønnesuppe...............................46
16. Mexicansk caldo gallego...................................48
17. Mexicanske kikærter..51
18. Mexicansk kylling med ris.................................54
19. Mexicansk svinekød og bønner..........................57
20. Mexicanske røde bønner og ris..........................59
21. Mexicansk ris med kylling.................................61
22. Mexicansk ris med dueærter..............................64
23. Mexicansk kalkun..67
24. Mexicansk fisk og skaldyr asopado....................69
25. Hjemmelavet vegansk chorizo...........................72
26. Cremet Chipotle Pasta.......................................75
27. Jackfruit vegansk Pozole Rojo..........................77
28. Mexicansk 'kødbollesuppe'................................80

29. Mole Chilaquiles med grønne og bønner 83
30. Torta Ahogada 86
31. Mexicanske cowboybønner 89
32. Mexicanske brune ris 92
33. Arroz a la Mexicana 94
34. Safran Ris 97
35. Arroz Huérfano 100
36. Frijoles de Olla (grydebønne) 102
37. Charro eller berusede bønner 104
38. Frijoles Refritos (fried bønner) 106
39. Bønner i Santa Maria-stil 108
RAJAS 110
40. Brun Rajas 111
41. Karameliseret Rajas 113
42. Paprika rajas 115
43. Cremet rajas 117
44. Rajas og svampe 119
TACOS 121
45. Rajas med Crema Tacos 122
46. Sød kartoffel og gulerod Tinga Tacos 124
47. Kartoffel og Chorizo Tacos 126
48. Sommer Calabacitas Tacos 128
49. Krydret Zucchini og Black Bean Tacos 130
50. Oksekødstacos i bøffelstil 133
51. Oksekød taco wraps 135
52. Grillet oksetaco i Carnitas-stil 137
53. Små taco oksekød tærter 141
54. En gryde osteagtig tacopande 145
55. Nederdel steak street tacos 148
SUPPER OG SALATER 151
56. Sopa Tarasca 152
57. Sort bønnesuppe 155
58. Tlapan-stil suppe 158

59. Puebla suppe...........161
60. Kartoffelsalat...........164
61. Tequila-maker's salat...........167
62. Ensalada de Col...........169
TOSTADAS...........171
63. Grundlæggende Tostadas...........172
64. Kartoffel Gorditas...........174
65. Oksekød toppet tostadas...........177
66. Chipotle kylling tostada...........179
67. Kokosmælk is tostada sundae...........182
68. Rejetostadas med guacamole...........184
DESSERT...........187
69. Flan de queso...........188
70. Mexicansk kødbrød...........190
71. Vandmelon Paleta Shot...........192
72. Carlota de Limon...........194
73. Mango og Chamoy Slushie...........196
74. Mousse de Chokolade...........199
75. Bananer og mandarin med vaniljesauce...........201
76. Sorbet de Jamaica...........203
77. Grillet mango...........205
78. Hurtig frugtbudding...........208
79. Grillede bananer i kokossauce...........210
80. Mango sorbet...........212
81. Flan...........214
KRYDER...........216
82. Koriander sauce...........217
83. Mexicansk adobo pulver...........219
84. Mexicansk grøn sofrito...........221
85. Mexicansk-stil svinekød rub...........223
86. Grøntsagsdip...........225
87. Vallarta dip...........227
88. Tacokrydderi...........229

89. Frisk urtet tomat-majs salsa..................................231
90. Hvid bønne Guacamole...233
DRIK..235
91. Kaktus Smoothie med lavt kalorieindhold..........236
92. Atole...238
93. Champurrado...240
94. Aguas Frescas..242
95. Horchata de Melón..244
96. Sangrita..246
97. Kokos æggesnaps..248
98. Mexicansk æggesnaps..250
99. Mexicansk mojito..252
100. Mexicansk rom cappuccino....................................254
KONKLUSION...256

INTRODUKTION

Velkommen til "Sydende Tex-Mex: A Culinary Journey through Southwestern Flavors"! Denne kogebog inviterer dig til at begive dig ud på et spændende gastronomisk eventyr, hvor du udforsker Tex-Mex-køkkenets pulserende og fristende verden. Med sin fusion af smag fra Texas og Mexico, samler denne unikke kulinariske stil det bedste fra begge verdener, hvilket resulterer i en læskende blanding af røgfyldte, krydrede og krydrede retter, der vil glæde dine smagsløg.

I denne kogebog tager vi dig med på en kulinarisk rundvisning i Tex-Mex, der viser en bred vifte af opskrifter, der afspejler den rige kulturelle arv og kulinariske traditioner i det amerikanske sydvest. Uanset om du er en garvet kok eller nybegynder i køkkenet, har denne bog noget for enhver smag. Fra solid chili og sydende fajitas til osteagtige enchiladas og saftige salsaer, hver opskrift er blevet omhyggeligt udformet for at sikre autenticitet og lækkerhed.

Gennem siderne i "Sydende Tex-Mex" vil vi ikke kun give dig trinvise instruktioner til at lave læskende retter, men også dele fascinerende historier og indsigt i oprindelsen og indflydelsen bag dette elskede køkken. Du vil opdage de vigtigste ingredienser, der definerer Tex-Mex, lære om de teknikker, der bruges til at opnå disse dristige smage, og få værdifulde tips til at tilpasse opskrifter, så de passer til dine præferencer.

Så tag dit forklæde og gør dig klar til at bringe ånden fra sydvest til dit køkken. Uanset om du er vært for en festlig sammenkomst, forbereder en aftenmiddag eller bare har lyst til en smag af det brændende og smagfulde Tex-Mex-køkken, vil denne kogebog være din betroede følgesvend. Lad aromaerne af spidskommen, chilipeber og frisk koriander fylde dit hjem, mens du dykker ned i de kulinariske skatte i "Sydende Tex-Mex" og begiver dig ud på en rejse med kulinarisk glæde.

SNACKS

1. Ristede-hvidløg søde kartofler

4 portioner

ingredienser
- 1-1/2 pund skrællede søde kartofler, skåret i 1/2-tommers stykker
- 12 fed hvidløg, pillet og skåret i halve
- 1 spsk ekstra jomfru olivenolie
- 1-2 spsk hakket Serrano eller jalapeño chile 3/4 tsk tørret timian 1/2 tsk kosher salt
- 1/2 tsk peber

Vejbeskrivelse
a) Forvarm din ovn og pande. Placer en 12-tommer ovnfast stegepande eller ildfast fad, der er stor nok til at holde kartoflerne i et enkelt lag i ovnen, skru op for varmen til 375°F, og opvarm panden i 30 minutter.
b) Bland ingredienserne. Mens stegepanden varmer, kombineres alle ingredienserne i en skål.
c) Rist kartoflerne. Tag den opvarmede stegepande ud af ovnen og fordel straks de blandede ingredienser jævnt. Sæt gryden i ovnen og steg kartoflerne i 45 minutter, rør rundt hvert 15. minut, så de koger jævnt.

2. Brændt blomkål

4 portioner

ingredienser
- 1 meget stort blomkålshoved (ca. 1 pund 6 ounces efter trimning), skåret i buketter 1-3 tommer i diameter
- 1-1/2 spsk ekstra jomfru olivenolie
- Friskkværnet sort peber efter smag
- 8 fed hvidløg, groft hakket
- 2 spsk gedeost, eller erstat parmesan

Vejbeskrivelse
a) Forvarm din ovn til 375°F.
b) Forbered og rist blomkålen. Arranger buketter i et ovnfast fad, der kan rumme dem i ét lag med stilkene opad.
c) Tilsæt olivenolie, peber og halvdelen af hvidløget og rør rundt. Steg i 25 minutter.
d) Hvis blomkålen er brunet i bunden, så vend den, så den brunede side er opad. Hvis den endnu ikke er brun i bunden, så bliv ved med at stege til den er, og vend den så og tilsæt det resterende hvidløg. Sænk varmen til 350°F og fortsæt med at stege, indtil blomkålen er mør og godt brunet, 20-25 minutter eller i alt 45-55 minutter.
e) Gør retten færdig. Når blomkålen er mør og gyldenbrun, tages den ud af ovnen og straks drysses osten på.

3. Ristede gulerødder

4 portioner

ingredienser
- 1-1/2 pund gulerødder, skrællet og skåret i stykker
- 6 fed hvidløg, pillet og knust
- 1-1/2 spsk ekstra jomfru olivenolie
- 1/4 dyngede tsk tørret timian
- Friskkværnet sort peber efter smag
- 1/4 dynge tsk salt

Vejbeskrivelse
a) Forvarm din ovn til 400°F.
b) Læg gulerødderne i en 12-tommers jerngryde eller på en bageplade, der er stor nok til at holde dem i et enkelt lag. Rør de resterende ingredienser i, dæk gryden tæt med folie og steg i 30 minutter. Fjern folien og steg videre i 20 minutter.
c) Rør og steg yderligere 5-10 minutter, eller indtil gulerødderne er godt brune.

4. Pozole tilbehør

Cirka 10 portioner

ingredienser
- 1-1/2 kopper tørret hominy
- 1/2 kop hakkede løg
- 1/2 kop ristede, skrællede og hakkede friske grønne New Mexico, Anaheim eller Poblano chili
- 1 tsk tørret bladoregano
- 1/4 kop hakkede tomater
- 3/4 tsk salt
- 1/2 tsk friskkværnet sort peber

Vejbeskrivelse
a) Læg hominy i blød. Dagen før du planlægger at servere Pozole, læg hominyen i en skål, dæk den med flere centimeter vand og lad den trække ved stuetemperatur i 24 timer.
b) Kog Pozole. Dræn hominy og kassér iblødsætningsvandet. Skyl hominyen, kom den i en gryde og dæk den med 2 tommer vand. Bring det i kog, tilsæt de resterende ingredienser, og lad det simre, delvist tildækket, indtil kernerne er al dente og ser ud til at briste, cirka 2-2-1/2 time.
c) Afdæk gryden og fortsæt med at simre, indtil næsten al væsken er fordampet.

5. Grillet Prickly Pear Cactus

4 portioner

ingredienser
- 4 mellemstore, men tynde piskeris Salt
- Madlavningsspray

Vejbeskrivelse
a) Start en kul- eller brændeovn eller forvarm en gasgrill til høj.
b) Forbered kaktusen. Fjern eventuelle rygsøjler eller knuder fra padlerne med en skærekniv eller enden af en grøntsagsskræller, brug en tang og vær forsigtig med ikke at blive såret af rygsøjlen. Klip af og kassér omkring 1/4 tomme fra omkredsen af hver pagaj. Lav parallelle skiver på pagajerne på langs med ca. 1 tomme fra hinanden, fra de afrundede toppe til inden for ca. 2 inches fra bunden af hver pagaj. Smid padlerne med nok salt til at dække begge sider, og lad dem sidde i 15 minutter i et dørslag eller på en tallerken.
c) Grill kaktusen. Skyl saltet af, tør kaktusen, og spray rigeligt på begge sider med madlavningsspray. Grill på begge sider, indtil de er møre og server med grillet mad.

6. Chiles Anchos Rellenos

4 portioner

ingredienser
Til chilierne
- 1 spsk olie
- 2 kopper tyndt skåret hvidløg
- 3 fed hvidløg, pillet og knust
- 2 spsk tamarindpasta opløst i 2 kopper varmt vand
- 1 kop melao (rørsirup) eller brun farin
- 1/2 tsk tørret bladoregano
- 1/2 tsk tørret timian
- 1/2 tsk salt
- 8 mellemstore til store ancho chili, skåret ned i den ene side, frø fjernet

Til fyldet
- 4 kopper ristede hvidløg søde kartofler
- Ristede gulerødder
- 2 ounce gedeost, revet
- Knib salt
- 2 teskefulde ekstra jomfru olivenolie

Vejbeskrivelse
a) Forbered chilien. Varm olien op ved lav til medium varme i en mellemstor gryde. Tilsæt løget og steg til det er brunet let. Tilsæt hvidløg og steg endnu et minut.
b) Rør vand med tamarindsmag, melao, oregano, timian og salt i.
c) Tilsæt chili, læg låg på, og lad det simre i 10 minutter. Tag gryden af varmen, tag låget af og afkøl i mindst 10 minutter.

d) Lav fyldet. Mens chilierne afkøles, kombinerer du søde kartofler og/eller gulerødder og queso fresco eller panela. Pisk salt og olie sammen og vend det sammen med grøntsagerne.

e) Fyld og server chilien. Brug en stor hulske til at fjerne chilien til en si og dræn i 5 minutter.

f) Hæld forsigtigt omkring 1/4 kop af fyldet i hver chili og læg 2 på hver af fire tallerkener. Hæld lidt af løgene over hver portion og top med osten. Server ved stuetemperatur.

7. Rosmarinristede kartofler med sorte bønner

4 portioner

ingredienser
- 1/4 kop ekstra jomfru olivenolie
- 3 fed hvidløg, usrællede
- 3 spsk friske rosmarinblade
- 2/3 kop vand
- Små 1/4 tsk salt
- 12 ounce rødbrun eller Yukon guld kartofler, skåret i 3/4-tommer stykker
- 2 jalapeño chili, frø og årer fjernet, skåret i 1/8-tommer tykke runder
- 1 kop kogte og skyllede sorte bønner
- 2 roma-tomater, skåret i 1/2-tommers stykker
- 1 stor avocado, skåret i 1/2-tommers stykker
- 1/4 kop finthakket koriander
- 3/4 kop strimlet, delt skummetmælk
- Gede ost
- 2 spsk varm sauce, såsom Sriracha
- 1/4 kop creme fraiche eller tofutti

Vejbeskrivelse
a) Lav den smagfulde olie. Kom olie, hvidløg og rosmarin i en mikrobølgesikker beholder og mikroovn i 30 sekunder på høj. Vent 15 sekunder og gentag.
b) Lad retten sidde tildækket ved stuetemperatur i 2-3 timer, og si derefter olien over i et andet fad, og kassér hvidløg og rosmarin. Rør vandet og salt i og gem.

c) Rist kartoflerne. Forvarm din ovn til 425°F. Læg kartoflerne i en 9-tommers støbejernsgryde eller lignende ovnfast fad, tilsæt olie-vand-blandingen og lad det simre over medium-høj varme. Sæt gryden i ovnen i 30 minutter.

d) Tag ud af ovnen, tilsæt jalapeño-rundstykkerne, vend kartoflerne og steg i yderligere 15 minutter, eller indtil kartoflerne er gyldenbrune.

e) Bland grøntsagerne. Mens kartoflerne steger, kombineres de sorte bønner, tomater, avocado og koriander i en skål, og reserver. Gør retten færdig. Fordel kartoflerne på fire tallerkener, top med lige store portioner af grøntsagsblandingen, og pynt med ost, varm sauce og creme fraiche eller tofutti.

8. Okseplantain omelet

Udbytte: 4 portioner

Ingrediens
- 3 Meget modne plantains
- Olie til stegning
- 1 løg; hakket
- ½ Grøn peber; hakket
- 2 Fed hvidløg
- ½ pund Hakket oksekød (jeg plejer at udelade)
- ¼ kop Tomatsovs
- 1 spiseskefuld Kapers
- 1 spiseskefuld Skivede grønne oliven (valgfrit)
- Salt og peber
- ½ pund grønne bønner; friske eller frosne, skåret i 3-tommer stykker
- 6 Æg
- ¼ kop Smør

Vejbeskrivelse
a) Skræl plantainerne, skær dem i 2-tommer tykke skiver på langs, og steg i olie, indtil de er gyldenbrune. Fjern, dræn og hold varmt. Svits løg, grøn peber og hvidløg i en stegepande, indtil de er bløde, men ikke brune.
b) Tilsæt hakkebøffen og steg ved høj varme i 3 minutter.
c) Hæld tomatsaucen i og tilsæt kapers og oliven, hvis det ønskes.
d) Kog i 15 minutter ved middel varme, og rør af og til. Smag til med salt og peber efter smag. Vask bønnerne og damp dem møre. Pisk æggene, tilsæt salt og peber

efter smag. Smør siderne og bunden af en rund gryde og smelt det resterende smør i bunden. Hæld halvdelen af de sammenpiskede æg i og kog ved middel varme i ca. 1 minut, eller indtil de er lidt stivnede.

e) Dæk æggene med en tredjedel af plantain-skiverne, efterfulgt af lag med halvdelen af det hakkede kød og halvdelen af bønnerne. Tilføj endnu et lag pisang, resten af hakkebøffen, endnu et lag bønner, og top med plantains. Hæld resten af de sammenpiskede æg over toppen.

f) Kog ved lav varme i 15 minutter uden låg, og pas på ikke at lade omeletten brænde på.

g) Sæt derefter i en forvarmet 350 graders ovn i 10 til 15 minutter for at brune toppen.

h) Server med ris og bønner. Fremragende til frokost.

9. Rismelsboller

Udbytte: 24 boller

Ingrediens
- 2 kopper Mælk
- 2 ounce Smør
- ¾ teskefuld Salt
- 2 kopper Meget fint rismåltid
- 2 teskefulde Bagepulver
- 3 Æg
- ½ pund Mild hvid ost
- Spæk eller vegetabilsk olie til friturestegning

Vejbeskrivelse
a) Kombiner rismel og bagepulver og bland med indholdet i gryden. Tilsæt æg ET AD gangen og bland.
b) Kog over moderat varme under konstant omrøring med en træske, indtil blandingen skiller sig fra siderne og bunden af gryden.
c) Fjern fra varmen. Mos ost med gaffel og tilsæt. Bland grundigt.
d) Drop blandingen med skefulde i fedtstof, opvarmet til 375 grader, indtil den er brun. Fjern og afdryp på sugende papir.

HOVEDRET

10. **Kylling i mandelsovs**

Udbytte: 1 portioner

Ingrediens
- 3½ pund Kylling; skåret i serveringsstykker
- Mel
- ¼ kop Olivenolie
- 1 medium løg; fint hakket
- 1 Fed hvidløg; hakket
- ½ kop tomat; skrællet/hakket
- 1 persillekviste; (op til 2)
- 2 Tommer stang kanel
- 4 Hele nelliker
- 2 kopper Kyllingefond
- ½ kop Blancherede mandler
- Salt
- ¼ teskefuld Hvid peber
- 2 teskefulde Lime eller citronsaft
- 2 Æg

Vejbeskrivelse
a) Dryp kyllingestykkerne med mel, ryst for at fjerne overskydende.
b) Varm olien op i en stegepande og svits kyllingen til den er gylden. Overfør til en tung gryde. Svits løg og hvidløg i bradepanden og tilsæt kyllingen sammen med tomat, persille, kanel, nelliker og hønsefond. Pulver mandlerne i en elektrisk blender ved høj hastighed og tilsæt til gryden. Smag til med eventuelt salt og hvid peber.
c) Læg låg på og lad det simre forsigtigt, indtil kyllingen er mør, cirka 45 minutter.

d) Tag kyllingestykkerne ud på et serveringsfad og hold dem varme. Skum eventuelt fedt fra saucen og reducer saucen til 2 kopper ved kraftig varme.
e) Tilpas krydderi, og si saucen gennem en fin sigte. Sæt over lav varme. Pisk æggene med limesaften. Hæld $\frac{1}{2}$ kop af saucen på æggene, pisk i med et piskeris.
f) Hæld derefter æggeblandingen i saucen, pisk konstant ved svag varme, indtil saucen er tyknet. Lad ikke saucen koge, da den vil stivne. Hæld over kyllingen.
g) Server med almindelige hvide ris.

11. Gratineret torsk

Udbytte: 1 portioner

Ingrediens
- 1 pund Baccalao
- 3 spiseskefulde Smør
- 1 stor løg; hakket
- 1 spiseskefuld Mel
- 1 hvidløgsfed; knust
- 2 teskefulde Tomatpuré
- 1 Laurbærblad
- ½ kop Tør hvidvin
- 1 kop Vand
- 1 spiseskefuld Citronsaft
- 2 spsk Skivede oliven
- 1 spiseskefuld Frisk persille; hakket
- 2 spsk Skivede svampe
- Salt og friskkværnet peber efter smag
- 2 spsk Parmesan ost; revet
- 1 medium kartofler; skrællet, kogt og lidt moset

Vejbeskrivelse
a) Læg fisken i blød i vand, så den dækker mindst 4 timer. fjern eventuelt skind og knogler, og flager med en gaffel. smør en 2-liters gryderet med 1 spiseskefuld smør og dæk bunden med torsk.
b) Opvarm det resterende smør i en gryde over medium varme, tilsæt løg og sauter indtil brunt. rør mel og hvidløg i, bland godt. tilsæt tomatpure, laurbærblad, vin, vand og citronsaft.
c) Reducer varmen og kog under omrøring, indtil blandingen tykner. tilsæt oliven, persille og svampe, og

smag derefter til med salt og peber. rør rundt og kog 3 min. fjern saucen fra varmen og hæld over fisken i gryden. drys med ost og beklæd hjørnerne af gryden med kartoflen.

d) Bages i forvarmet ovn 350 grader i 35 minutter eller indtil toppen er gyldenbrun. server med grøn salat.

12. Mexicanske bønner

Udbytte: 4 portioner
Ingrediens
- 1 pund Bønner, tørrede
- 1 Løg, i tern
- ¼ Grøn peber, skåret i tern
- 3 Fed hvidløg, i tern
- 8 ounce Tomatsovs
- 2 spsk Olivenolie
- 2 teskefulde Salt
- 1 tsk Salt
- 2 kopper Vand
- 1 kop Ris, langkornet

Vejbeskrivelse
a) FORBERED BØNNER: Læg bønnerne i blød i mindst to timer (natten over er også okay). Skift vandet og bring det i kog.
b) Tilsæt løg, peber og hvidløg; læg låg på og lad det simre i 1 time.
c) Tilsæt tomatsauce, olivenolie og salt: læg låg på og lad det simre i 1 time mere.
d) Bring vandet i kog. Tilsæt ris og salt.
e) Dæk til og lad simre i 20 minutter.

13.   **<u>Stegt fisk med sauce</u>**

Udbytte: 12 portioner

Ingrediens
- ½ kop Olivenolie
- 2½ pund Løg, pillet og skåret i skiver
- 1½ kopper Vand
- 24 Fyldte oliven med pimientos
- 2 spsk Kapers
- 1 dåse 4 oz. pimientos, skåret i bittesmå skiver i deres saft
- 2 dåser (8 oz.) tomatsauce
- 2 spsk Eddike
- 1 spiseskefuld Salt
- 2 laurbærblade
- 4 pund Fiskeskiver
- 2 spsk Salt
- 1 kop Olivenolie
- 4 store Hvidløgsfed, pillet og knust

Vejbeskrivelse
a) Tilbered saucen ved at blande ingredienserne og koge ved moderat varme i cirka 1 time.
b) Når saucen er næsten færdig, smages fisken til med salt inkluderet i B og dækkes lidt med mel og steges som følger: Kom olie og hvidløg i en stegepande. Brun hvidløg ved moderat varme. Fjern hvidløg og læg i gryden, så mange skiver fisk der passer på det. Brun ved moderat varme på begge sider, reducer varmen til lav og steg i 15 minutter, eller indtil fisken let flager, når den testes med en gaffel. Steg den resterende fisk på samme måde.

c) Læg fisken i en form og dæk med varm sauce og lad den stå i 5 minutter.

14. <u>**Oksekødsstuvning**</u>

Udbytte: 1 portion

Ingrediens
- 3 spiseskefulde Vegetabilsk olie
- 1½ pund Stewing oksekød; skåret i 1 1/2-tommer
- 1 stor løg; hakket
- 3 store Hvidløgsfed; hakket
- 1 spiseskefuld Frisk hakket persille
- 4 Friske timiankviste eller 1 tsk tørret; smuldrede
- 4 laurbærblade
- 2 spsk Mel til alle formål
- 2 dåser Oksefond; (14 1/2 ounce)
- 2 kopper Tør rødvin
- 4 store Kartofler
- 3 store Gulerødder
- ½ pund grønne bønner; trimmet, halveret
- Frisk hakket persille

Vejbeskrivelse
a) Opvarm olie i en stor gryde eller hollandsk ovn ved høj varme. Tilsæt oksekød i portioner og brun. Brug en hulske til at overføre oksekød til skål. Tilsæt løg og hvidløg i gryden og svits i 5 minutter. Tilsæt persille, timian, laurbærblade og mel. Rør i 2 minutter.
b) Bland gradvist bouillon og vin i. Kom oksekødet tilbage i gryden og bring blandingen i kog. Reducer varmen til medium-lav og lad det simre uden låg i 45 minutter.
c) Tilsæt kartofler og gulerødder til gryderet. Lad det simre, indtil kødet og grøntsagerne er mørt, under omrøring af og til, cirka 30 minutter. Tilsæt grønne

bønner og lad det simre, indtil bønnerne er møre og sovsen er lidt fortykket, cirka 10 minutter.

d) Overfør gryderet til en stor skål. Pynt med hakket persille og server.

15. Mexicansk sort bønnesuppe

Udbytte: 1 portioner

Ingrediens
- 4 kopper grøntsag; (eller kylling)fond (op til 6)
- 2 kopper Skyllede sorte bønner
- ½ kop Hakket selleri
- 2 store Gulerødder; i tern
- 1 medium gult løg; i tern
- ¼ kop Eddike
- 1 tsk Appelsin- eller citronskal; revet
- ½ tsk Kanel
- 1 knivspids Cayenne; at smage
- 2 teskefulde Hvidløg; fint hakket

Vejbeskrivelse
a) Start med 4 kopper bouillon -- og tilsæt mere efter behov, alt efter om du vil have suppe eller tilbehør til brune ris.
b) Kom alle ingredienser sammen i en gryde og kog langsomt i tre timer. Server med kogte brune ris i bunden af en skål med følgende pynt, der skal tilføjes efter smag: fed creme fraiche eller yoghurt, hakkede grønne løg, hakkede rødløg, hakkede tomater, hakket persille, salsa. Server med et franskbrød, lune tortillas eller pitabrød.

16. Mexicansk caldo gallego

Udbytte: 6 portioner

Ingrediens
- ½ pund Tørrede hvide bønner; udblødt natten over,
- Og drænet
- 1 pund Kyllingelår
- ½ pund spansk eller mexicansk chorizo-pølse; skæres i 1/2" stykker
- ½ pund skinke; hakket
- ¼ pund Salt svinekød; i tern
- 1 medium gult løg; skrællet og hakket
- 3 Hvidløgsfed; skrællet og hakket
- 2 teskefulde Worcestershire sauce
- Tabasco sauce; få streger efter smag
- 2½ liter Vand
- ½ pund Kartofler; skrællet, delt i kvarte,
- Og skåret i skiver
- ½ pund Grønkål; skåret tynde
- 2 kopper Grønkål; seje stængler fjernet,
- Og skåret i tynde skiver
- ½ pund majroer; skrællet, delt i kvarte,
- Og skåret i skiver
- Salt; at smage
- Friskmalet sort peber; at smage
- Hakket frisk dild til pynt; (valgfri)

Vejbeskrivelse
a) Placer de drænede bønner, kylling, chorizo, skinke, salt svinekød, løg, hvidløg, Worcestershire sauce, Tabasco sauce og vand i en 6- til 8-quart suppegryde.

b) Bring det i kog, og skru ned til kogepunktet. Kog under låg i 45 minutter.

c) Fjern kyllingestykkerne fra gryden og udben. Læg kødet til side og kassér benene. Tilsæt de resterende ingredienser undtagen salt, peber og kylling i gryden. Lad det simre, tildækket, i 25 minutter, og tilsæt derefter salt og peber.

d) Kom kyllingekødet tilbage i gryden og lad det simre et par minutter mere. Top med den valgfrie dild.

17. Mexicanske kikærter

Udbytte: 4 portioner

Ingrediens
Kikærter s
- 1 pund Kikærter
- 2½ liter Vand
- 2 spsk Salt

Græskar
- 2½ liter Vand
- 1¼ pund Græskar - eller squash skåret op
- 6 ounce Chorizo - mundrette stykker

Sofrito
- 1 tsk Vegetabilsk olie
- ½ ounce Speget skinke - i tern
- 1 Løg - hakket
- 1 Grøn peber
- 3 Sød chilipeber
- 2 Fed hvidløg
- 6 Friske korianderblade
- ¼ teskefuld Oregano - knust
- ¼ kop Tomatsovs
- 1 spiseskefuld Salt

Vejbeskrivelse
a) Dræn kikærter, skyl og kom i en stor gryde sammen med græskar, chorizo og 2½ liter vand. Bring hurtigt i kog, læg låg på og kog ved moderat varme i 1 ½ time, eller indtil kikærterne er næsten møre.
b) Afdæk, mos græskar og tilsæt sofrito, tomatsauce og salt.

c) Bland og kog over moderat varme, uden låg, ca. 1 time, eller indtil saucen tykner efter smag.

18. Mexicansk kylling med ris

Udbytte: 6 portioner

Ingrediens
- 4 spiseskefulde Olivenolie
- 1 Hel kylling; skåret i 8 stykker
- 1 stor løg; hakket
- 1 Grøn peber; hakket
- 2 spsk Kapers
- ¼ kop Oliven; små, peberfrugt fyldt
- 1 kop Tomatsovs
- 1 spiseskefuld Oregano
- 1 tsk Rød peber flager
- 3 Fed hvidløg; hakket
- 3 kopper Ris; lang korn
- 4½ kopper Hønsefond
- ½ kop Persille; hakket
- ½ kop Ærter; lavede mad
- 3 spiseskefulde Pimiento; hakket

Vejbeskrivelse
a) Opvarm olien i en gryde eller hollandsk ovn, der er stor nok til at rumme alle ingredienserne, og brun kyllingen på alle sider. Læg låg på, sænk varmen og lad det simre i cirka 15 minutter.
b) Tilsæt løg og grøn peber og steg i 4 minutter. Tilsæt kapers, oliven, tomatsauce, oregano, peberflager og hvidløg og kog i yderligere 4 eller 5 minutter.

c) Tilsæt risene og rør blandingen godt rundt. tilsæt hønsefond og persille og rør rundt. Dæk gryden til,

reducer varmen og lad det simre i cirka 20 minutter, eller indtil væsken er absorberet og risene er møre.
d) Pynt med ærter og peberfrugt og server.

19. Mexicansk svinekød og bønner

Udbytte: 4 portioner

Ingrediens
- 1 spiseskefuld Canola olie
- 6 Svinekam spareribs
- 1 medium Gulerod - 1/2" tern
- 2 medier Løg - i tern
- 6 Fed hvidløg
- 3 laurbærblade
- 1 tsk Oregano
- 1 pund Kan hele tomater
- 1 lille Jalapeno peber - hakket
- 2 teskefulde Salt
- 1 pund Tørrede kidneybønner
- 1 flok Koriander

Vejbeskrivelse
a) Varm olien op i en kraftig gryde. Når det er varmt, tilsæt flæsket i ét lag og steg det ved middel varme i cirka 30 minutter, vend det, indtil det er brunt på alle sider. Tilsæt 4 kopper koldt vand og alle de resterende ingredienser undtagen de hakkede korianderblade.
b) Bring det i kog, reducer varmen til lav, læg låg på og lad det simre forsigtigt i $1+\frac{3}{4}$ til 2 timer, indtil kødet er mørt.
c) Fordel mellem fire individuelle tallerkener, drys med de hakkede korianderblade og server med gule ris.

20. Mexicanske røde bønner og ris

Udbytte: 4 portioner

Ingrediens
- ¼ kop Olivenolie
- 2 kopper Hakkede løg
- 1 spiseskefuld Hakket hvidløg
- 1 pund Tørrede røde bønner; skyllet, udblødt; og drænet (op til)
- 5 kopper Kyllingefond
- 2 laurbærblade
- 1 Stykke kanelstang
- Varm pebersauce efter smag

Vejbeskrivelse
a) Varm olien op i en stor tyk gryde. Tilsæt løgene og sauter under omrøring, indtil de er dækket med olie. Dæk til og kog over meget lav varme, under omrøring af og til, indtil de er gyldenbrune, cirka 15 minutter. Rør hvidløg i og sauter uden låg i 3 minutter.
b) Tilsæt bønner og bouillon til løget. Opvarm til kogning og kog under låg ved lav varme i 2 timer. Tilsæt laurbærblade og kanel. Dæk til og fortsæt med at koge indtil bønnerne er meget møre, cirka 1 time mere.
c) Smag til med salt og varm rød pebersauce. Bønnerne kan tilberedes op til 24 timer før servering. Genopvarm og tilføje yderligere bouillon, hvis det er nødvendigt.

21. Mexicansk ris med kylling

Udbytte: 8 portioner

Ingrediens
- 2½ pund Kyllingestykker
- 2 Peberkorn (hel sort peber)
- 2 Fed hvidløg pillede
- 1 tsk Tørret oregano (helst frisk)
- 4½ teskefulde Salt
- 2 teskefulde Olivenolie
- 1 tsk Eddike
- 1 spiseskefuld Spæk eller vegetabilsk olie
- 1 ounce Salt flæsk
- 2 ounce Mager spekeskinke (vask og skær salt svinekød og skinke i tern)
- 1 Løg pillet
- 1 Grøn peber, frøet
- 3 Sød chilipeber, frøet
- 1 Tomat
- 6 Friske korianderblade (hak alt i små stykker)
- ½ tsk Salt
- 10 Oliven fyldt med pimientos
- 1 spiseskefuld Kapers
- ¼ kop Tomatsovs
- 2 spsk Fedt eller "achiotefarvning"
- 3 kopper Ris
- 1 dåse (17 oz.) grønne ærter
- 1 dåse (4 oz.) pimientos

Vejbeskrivelse

a) Vask kylling og del hvert kyllingestykke i to. Tør og gnid med krydderier inkluderet i B. Stil i køleskabet natten over.
b) I en kraftig kedel, opvarm fedt og brun hurtigt svinekød og skinke. Reducer til moderat og tilsæt kylling. Kog i 5 minutter.
c) Reducer varmen til lav. Tilsæt ingredienser og sauter i 10 minutter under omrøring af og til.
d) I mellemtiden drænes væske fra dåse ærter i et målebæger og nok vand til at lave $2\frac{1}{2}$ kopper, hvis der bruges almindelig ris eller $3\frac{1}{2}$, hvis der bruges lange ris. Reserve ærter. Varm væske op og vent.
e) Tilsæt til kedlens ingredienser og bland ved moderat varme i 2 minutter.
f) Tilsæt varm væske til elkedel og bland godt og kog uden låg ved moderat varme, indtil risene er tørre.
g) Vend ris fra bunden til toppen med en gaffel.
h) Dæk kedlen til og kog ved svag varme i 40 minutter. Vend ris om igen halvvejs i denne kogeperiode.
i) Tilsæt ærter, vend ris igen og læg låg på, kog i 15 minutter ved lav varme.
j) Hæld ris i et serveringsfad.

k) Varm pimientos i deres saft, afdryp og pynt risene.
l) Server med det samme.

22. Mexicansk ris med dueærter

Udbytte: 8 portioner

Ingrediens
- ½ pund Tørrede gandler (dueærter); skyllet
- 3 kopper Vand
- 1 ounce Salt svinekød; hakket småt
- 2 Hvidløgsfed; Skrællet og knust
- 1 spiseskefuld Olivenolie
- 1 medium rød peberfrugt; kerne, frøet,
- Og hakket småt
- 1 medium Grøn peberfrugt; kerne, frøet,
- Og hakket småt
- 1 medium gult løg; hakket småt
- 1 medium tomat; hakket småt
- 1 spiseskefuld Annatto olie
- 1 kop Onkel Bens omdannede ris
- Friskmalet sort peber; at smage
- 2 kopper Koldt vand
- Salt; at smage

Vejbeskrivelse
a) Bring gandlerne og 3 kopper vand i en lille gryde i kog. Dæk til, sluk for varmen og lad det stå i 1 time.
b) Dræn ærterne, gem vandet. I en 6-liters gryde sauteres saltet svinekød, skinke og hvidløg i olivenolien i et par minutter. Tilsæt både peberfrugt og løg, læg låg på og steg ved middel varme, indtil løget begynder at blive gennemsigtigt.
c) Tilsæt tomat, drænede gandler og 1½ kopper af det reserverede vand. Lad det simre, tildækket, ved svag

varme i 15 minutter, indtil ærterne er næsten møre, og det meste af væsken er væk.

d) Rør Annattoolie, ris, sort peber og 2 kopper koldt vand i.

e) Bring det i kog og lad det simre under låg i 15 til 20 minutter, indtil væsken er absorberet og risene er møre. Tilsæt salt om nødvendigt.

23. Mexicansk kalkun

Udbytte: 1 portioner

Ingrediens
- Kalkun
- 12 Fed hvidløg
- 10 teskefulde Tør mexicansk oregano
- 12 teskefulde Olivenolie
- 12 teskefulde Rødvinseddike
- 1 tsk Salt
- ½ tsk Peber

Vejbeskrivelse
a) Purér 12 fed hvidløg, 10 tsk tør mexicansk oregano, 12 tsk olivenolie, 12 tsk rødvinseddike, 1 tsk salt og ½ tsk peber i en blender. Denne blanding vil handle om konsistensen af mayonnaise.
b) Derefter "skyl" indersiden og ydersiden af kalkunbrystet med blandingen, og brug det hele. Læg i en bradepande, dæk tæt og bag ved 350° i ½ time.
c) Afdæk og steg videre, indtil de er møre (tiden afhænger af brystets eller fuglens størrelse). Drys ca hvert 15. minut med pandesaften.

24. Mexicansk fisk og skaldyr asopado

Udbytte: 1 portion

Ingrediens
- 1 løg; i tern
- 1 Rød peber; i tern
- 1 Grøn peber; i tern
- 2 stykker selleri; i tern
- Rejeskaller fra risskål
- Hummerskaller fra risfad
- ½ kop hvidvin
- ½ kop Tomatsovs
- 2 liter Vand
- 1 løg; i tern
- 1 Rød peber; i tern
- 1 Grøn peber; i tern
- 2 ristede peberfrugter; i tern
- 2 kopper Ris
- 8 kopper Skaldyrsfond
- ½ pund Krabbekød
- 1 knivspids Safran
- 1 pund Hummer; dampet
- ½ pund Reje
- ½ kop Søde ærter

Vejbeskrivelse
a) Svits løg, peber og selleri. Tilsæt skaller og kog i 5 minutter. Tilsæt hvidvin og tomatsauce. Tilsæt vand og lad det simre i 45 minutter. Si og reserver lager.
b) Svits løg, peberfrugt, og tilsæt ristede peberfrugter. Tilsæt ris og sauter indtil de er gennemsigtige

c) Tilsæt skaldyrsfond, krabbekød og safran og kog i cirka 15 minutter ved lav varme. Tilsæt hummer, rejer og søde ærter. Varm 3 minutter før servering

25.   Hjemmelavet vegansk chorizo

Portioner: 15 oz.

ingredienser
- 1 blok (12 oz.) Tofu, ekstra fast
- $\frac{1}{2}$ lb. Svampe, fint hakkede
- 6 Chile guajillo, tørret, frøet
- 2 Chile ancho, tørret, frøet
- 4 Chile de Arbol, tørret
- 4 fed hvidløg
- 1 spsk. Oregano, tørret
- $\frac{1}{2}$ tsk. Spidskommen, malet
- 2 nelliker, hele
- 1 spsk. Paprika, stødt
- $\frac{1}{2}$ tsk. Koriander, stødt
- 2 spsk. Vegetabilsk olie, valgfri

Vejbeskrivelse
a) Tag tofuen ud af pakken og læg den mellem to små tallerkener. Læg en dåse ovenpå pladerne og lad det stå sådan i 30 min.
b) Bring en lille gryde vand i kog. Fjern stilke og frø fra chilien og kassér dem. Kom chilien i det kogende vand. Skru ned for varmen til den laveste indstilling og lad chilierne sidde i vandet i 10 min.
c) Fjern chilien fra vandet og kom i en blender. Reserver $\frac{1}{2}$ kop af chili iblødsætningsvæsken.
d) Tilsæt hvidløg, oregano, spidskommen, nelliker, paprika, koriander og $\frac{1}{4}$ kop iblødsætningsvæske til blenderen, og kør til en jævn masse. Tilsæt eventuelt den resterende $\frac{1}{4}$ kop af iblødsætningsvæsken for at få tingene til at bevæge sig i blenderen.

e) Smag chiliblandingen til med salt og peber og kom den igennem en fin sigte. Sæt til side.
f) Hæld vandet fra tofuen og smuldr med hænderne i en stor skål. Hæld halvdelen af den purerede chiliblanding i skålen med tofuen og rør for at kombinere. Sæt til side.
g) Varm en stor sauterpande op til høj varme og tilsæt 1 spsk. af olie. Når olien er varm, tilsæt de finthakkede svampe og fortsæt med at koge indtil svampene begynder at brune, ca. 6-7 min.
h) Sænk varmen til medium-lav og hæld den resterende halvdel af chiliblandingen i. Rør rundt og steg videre i 3-4 minutter, indtil svampene begynder at absorbere chiliblandingen. Fjern fra panden og kom i en stor skål.
i) Opvarm en non-stick sauterpande indstillet til medium varme, tilsæt 1 spsk. af olie. Tilsæt tofublandingen og fortsæt med at koge indtil væsken begynder at fordampe og tofuen bliver sprød, 7-8 minutter. Du kan lave tofuen lige så sprød som du vil. (Pas på ikke at overfylde panden, ellers bliver tofuen aldrig sprød.)
j) Hæld kogt tofublanding i skålen med svampene og bland det godt sammen. Juster krydderier.
1.

26. **Cremet Chipotle Pasta**

Portioner: 2 portioner

ingredienser
- 1/2 kop mandler, hele, rå
- 1/4 kop mandelmælk, usødet (eller vegetabilsk olie)
- 1 Chipotle peber i Adobo, (kun en af peberfrugterne i dåsen)
- 1 fed hvidløg
- 3/4 kop vand
- 1/2 kop tomat, brændt brændt
- 1 spsk. Citronsaft, frisk
- 1/2 lb. Spaghetti, fuld hvede
- 1 spsk. Koriander hakket

Vejbeskrivelse
a) Kom mandler, mandelmælk, vand, chipotle, hvidløgsfed, ristede tomater og citronsaft i en blender, og kør til en jævn masse. Smag til med salt og peber.
b) Kog pasta efter anvisningen på æsken. Dræn og læg i en stor skål.
c) Hæld chipotlesauce over pastaen og bland godt.
d) Server med hakket koriander på toppen.

27. Jackfruit vegansk Pozole Rojo

Portioner: 6 portioner

ingredienser
- 1 dåse Hvid hominy, drænet, skyllet
- 3 liter grøntsagsfond
- 5 Chile guajillo, tørret, stilket og frøet
- 2 Chile ancho, tørret, opstammet og frøet
- 5 Chile de Arbol, tørret, opstammet og frøet
- 6 fed hvidløg
- ½ løg, hvidt
- 1 spsk. Vegetabilsk olie
- 2 dåser Ung grøn jackfrugtlage, drænet
- 1 Zucchini, medium, skåret i tern

Toppings
- 1 hvidløg, lille, finthakket
- 6 røde radiser, skåret i stave
- 2 spsk. Oregano, tørret
- ½ grønkål, udkernet, skåret i tynde skiver
- 4 limefrugter skåret i kvarte

Vejbeskrivelse

a) Kombiner grøntsagsfonden og hominy i en stor gryde og lad det simre LAVT.

b) Mens hominyen simrer, fjern stilke og frø fra chiliancho, arbol og guajillo. Skyl og læg i en mellemstor gryde med vand.

c) Bring gryden i kog over medium-høj varme. Reducer varmen og lad det simre i 10 min.

d) Dræn chili, men behold 1 ½ dl chilivand. Kom chili, hvidløg og løg i blenderen, tilsæt chilivandet og blend indtil glat. Stamme.

e) For at forberede jackfrugten skal du dræne jackfrugten, skylle og duppe med køkkenrulle. Skær kernen ud af jackfrugten (spidsen af trekantstykkerne), og skær stykkerne i halve. Varm 1 spsk. olie i en stor sauterpande indstillet til medium varme. Tilsæt jackfrugten og steg i 3-4 minutter på hver side, eller indtil den begynder at blive brun. Hæld chilisaucen over jackfrugten og reducer varmen til lav-medium. Lad det simre i 10 minutter, eller indtil jackfrugten begynder at blive nedbrudt, og saucen er tyknet lidt. Brug en gaffel til at rive jackfrugten, mens den koger ned. Smag til med salt og peber.

f) Din hominy burde stadig simre meget langsomt. Tag en kop af hominy-grøntsagsbouillonblandingen ud og blend indtil glat. Hæld dette tilbage i gryden med hominy

g) Hæv varmen til medium-lav, og tilsæt zucchini og revet jackfrugt med sauce. Lad simre i 8-10 minutter, eller indtil zucchinien er mør. Smag til med salt og peber.

h) Server din pozole med alle toppings på siden.

28. Mexicansk 'kødbollesuppe'

Portioner: 6 portioner

ingredienser
- 1 tomat, medium i tern
- 1/4 hvidt eller gult løg i tern
- 2 gulerødder, medium
- 1-2 selleristængler
- 2-3 kaloriegule peberfrugter
- 3 kartofler, små, skåret i kvarte
- 1 mexicansk zucchini, lille
- 3 kviste af koriander
- 6-8 mynteblade, finthakket
- 1 spsk. Avocado olie
- 1 pakke Follow Your Heart vegansk æggepakke
- 1/3 kop hvide ris, langkornet, rå
- 1 tsk. Sort peber
- 1 tsk. Hvidløgssalt
- 2 spsk. Bedre end bouillon uden kyllingebund

Vejbeskrivelse
For at lave bouillon:
a) Sæt en stor suppegryde til medium varme. Tilsæt 1 spsk. olie og tilsæt løg i gryden. Lad løget stege i 2-3 minutter eller indtil det er blødt og gennemsigtigt. Tilsæt tomater og kog i 3 minutter mere.
b) Hæld nok vand i gryden til at fylde den 1/2 vej. Bring det i kog. Tilsæt Better than Bouillon No-Chicken base, og salt og peber efter smag (peber er valgfrit).

Fremstilling af frikadeller
c) I en stor skål kombineres 1 tsk. sort peber, 1 tsk. hvidløgssalt, 1/3 kop hvide ris og hakket mynte. Bland godt.
d) Følg anvisningerne på pakken med de veganske æg og lav cirka 2 veganske æg. Tilsæt halvdelen af æggeblandingen til frikadelleblandingen og bland godt. Sørg for, at blandingen er æggedig nok til at forme frikadellerne. Tilsæt eventuelt mere af den veganske æggeblanding, indtil du får den ønskede konsistens.
e) Form 8-10 frikadeller med hænderne. Tilsæt dem til den kogende bouillon.
f) Det er vigtigt ikke at røre for meget i frikadellerne, ellers falder de fra hinanden. Kog i 15 minutter eller deromkring.
g) Mens frikadellerne koger, skæres gulerødder, selleri og zucchini i små tern. Skær kvarte til kartoflen.
h) Tilsæt de skåret gulerødder, selleri, zucchini, kartoffel og gule peberfrugter (må ikke skæres) i gryden. Sænk varmen til medium-lav indtil grøntsagerne er kogte. Dæk gryden til og lad det koge grundigt sammen i cirka 15 minutter.
i) Tilføj koriander som prikken over i'et og lad koge i et par minutter, og du skal have veganske albondigas! Glem ikke de varme tortillas! Eller endda avocadoskiver!
1.

29. Mole Chilaquiles med grønne og bønner

Portioner: 4 portioner

ingredienser
- Salat

Grønt og bønner:
- ¼ kop vand
- 2 fed hvidløg, hakket
- 8 oz. Spinat, (ca. 1 pose)
- 1 dåse (14 oz.) Sorte bønner, drænet

Sovs:
- 1 krukke (7,2 oz.) Mole Poblano
- 2 dl grøntsagsfond

Toppings
- Mandelcreme
- Vegansk Queso Cotija
- 1 hvidløg, skåret i meget tynde ringe

Vejbeskrivelse

a) Forvarm ovnen til 400°F. Læg tortilla-trekanten på to bageplader beklædt med bagepapir og bag i 15 til 20 minutter, indtil de er sprøde. Tag ud af ovnen og sæt til side. (Du kan også stege dem i en tykbundet sauterpande, indtil de er gyldenbrune, eller købe en pose chips.)

b) Grønt og bønner:

c) Opvarm en stor sauterpande til medium varme og hæld ¼ kop vand i. Tilsæt hvidløg og steg i 1 minut. Tilsæt spinat og bland.

d) Når spinaten er kogt ned (ca. 2 minutter) tilsættes sorte bønner. Smag til med salt og peber.

Sovs:

e) Sæt en stor gryde på medium varme, tilsæt 1 kop grøntsagsfond og muldvarpepasta. Røre rundt.

f) Når molepastaen er opløst, og blandingen begynder at simre, tilsættes den anden kop grøntsagsfond. Det vil virke som om, at muldvarpen er for tynd, men så snart muldvarpen køler lidt ned, tykner den. Bring det i kog, rør rundt og tag det af varmen.

g) At bringe det hele sammen

h) Sørg for at din muldvarp har den rigtige konsistens, den skal være konsistensen af en tynd flødesuppe, juster efter behov med grøntsagsfond.

i) Tilsæt chips, og grønt og bønner i gryden med muldvarpen. Bland godt til belægning. Server straks og top med mandelcrema, vegansk queso Cotija og løg.

30. Torta Ahogada

Portioner: 2 tortas

ingredienser
Kager:
- 2 Bolillo-ruller eller 6-tommer lange baguetter, delt i to
- 1 kop refried bønner, med sorte bønner
- 1 moden Hass avocado, udstenet, skrællet

Sovs:
- 30 Chiles de Arbol, opstammet, frøet og rehydreret
- 3 fed hvidløg
- 1 kop vand
- 1 tsk. Tørret mexicansk oregano
- 1/2 tsk. Stødt spidskommen
- 1/2 tsk. Friskkværnet sort peber
- 1/8 tsk. Kværnede nelliker
- 1 tsk. Salt

Pynt:
- 2 Radiser, skåret i tynde skiver
- 8 til 12 hvide syltede løg, adskilt i ringe
- Limebåde

Vejbeskrivelse
Tortas

a) Rist rullerne eller baguetterne let. Lun bønnerne og fordel dem jævnt i hver rulle. Tilsæt avocadoskiverne. Læg sandwichene i skåle.

Sovs:

b) I en blender eller foodprocessor purér den rehydrerede chiles de árbol, hvidløg, vand mexicansk oregano, spidskommen, peber, nelliker og salt. (Si, hvis du ønsker en meget glat sauce.)

c) Hæld saucen over sandwichene. Pynt sandwichene med de skivede radiser og syltede løg og server med limebåde. Spis disse tortas med en gaffel og masser af servietter.

1.

31. Mexicanske cowboybønner

Portioner: 6 portioner

ingredienser
- ½ lb. Pinto bønner, tørrede
- 1 Løg, hvidt, stort
- 3 fed hvidløg, knust
- 2 koriander kviste
- ¼ kop grøntsagsfond eller vand
- 6 oz. (3/4 kop) Vegansk chorizo
- 2 Serrano chili, hakket
- 1 tomat, stor, i tern

Vejbeskrivelse
a) Læg bønner i blød i vand natten over.
b) Næste dag si dem og læg dem i en stor gryde. Hæld nok vand i gryden til at fylde ¾ af vejen.
c) Skær dit løg i halve. Læg ½ løg, korianderkviste og 3 fed hvidløg i gryden med bønnerne. Gem den anden halvdel af løget.
d) Bring vandet i kog, og lad bønnerne koge, indtil de er næsten møre, cirka 1 ½ time.
e) Mens bønnerne koger, opvarm en stor sauterpande til medium-høj varme. Tilsæt chorizo og sautér indtil let brunet, cirka 4 minutter. Mens chorizoen koger, skæres den anden halvdel af løget i tern.
f) Tag chorizo af panden og stil til side. Tilsæt ¼ kop vand, hakket løg og Serrano peberfrugt til sauterpanden. Svits løg og chili indtil de er møre og gennemsigtige i cirka 4-5 minutter. Tilsæt tomat og lad koge i 7-8 minutter mere, eller indtil tomaten er nedbrudt og frigivet al dens saft.

g) Tilsæt denne blanding og chorizoen i gryden med bønner og lad det simre i 20 minutter mere, eller indtil bønnerne er helt møre. Smag til med salt og peber.
h) Før servering fjernes det halve løg, korianderkvisten og hvidløgsfed fra bønnerne. Smag til med salt og peber

32. **Mexicanske brune ris**

Portioner: 3 portioner

ingredienser
- 1 kop brune ris, langkornet
- ¼ Løg, hvidt
- 3 fed hvidløg
- 1 ½ dl tomat i tern
- 1 spsk. Tomatpuré
- 1 ½ dl grøntsager, bouillon eller bouillon
- ½ tsk. Salt, kosher
- 1 kop ærter, frosne

Vejbeskrivelse
a) Udblød de brune ris i koldt vand natten over.
b) Dræn risene. Sæt en medium gryde på medium varme og tilsæt risene. Rør ofte og lad ris riste til de er gyldenbrune, ca. 8-10 min.
c) Blend i mellemtiden tomat, løg, hvidløg og tomatpure, indtil det er glat. Stamme. Du bør ende med 1 kop puré. Hvis du ikke gør det, tilsæt nok grøntsagsfond til at gøre det til en kop.
d) Hæld tomatpuréen i gryden med risene og lad det simre i 2 minutter. Tilsæt 1½ dl grøntsagsfond. Tilsæt ½ tsk salt og rør rundt. Dæk til og skru ned for varmen til et lavt kogepunkt. Lad koge i 35-40 minutter.
e) Tag gryden af varmen og lad den hvile tildækket i 7 minutter.
f) I mellemtiden falder ærter i kogende vand, indtil de er møre, ca. 1 minut, afdryp.
g) Tilsæt ærter til ris og fnug med en gaffel.

33. Arroz a la Mexicana

8 portioner

ingredienser
- 2 fed hvidløg, hakket
- 1 tsk salt
- 2-1/3 dl hønsebouillon med lavt natriumindhold
- 1/4 kop ekstra jomfru olivenolie
- 1-1/2 kopper langkornet ris
- 1/3 kop ildstegte knuste tomater, eller erstatning for tomatsauce
- 1/3 kop skrællet og revet gulerod
- 1 kop skåret hvidløg, 1/4 tommer tyk
- 1 kop skåret, frøet Poblano chile, 1/4-tommer tyk 1/4 kop frosne ærter

Vejbeskrivelse
a) Forbered bouillonen. Kom hvidløg og salt i en blender, tilsæt 1 kop bouillon og purér. Tilsæt resten af bouillonen og blend igen for at blande grundigt. Reservere.
b) Steg risene. Varm en stor gryde op (jeg kan godt lide at bruge en hollandsk støbejernsovn) over medium varme, tilsæt olivenolien og rør risene i. Kog risene under jævnlig omrøring, indtil de bliver gyldenbrune. Skru eventuelt ned for varmen, så den ikke brænder. Når det er færdigt, vil du i løbet af 5-8 minutter høre en lyd som sand, der bliver kastet i en metalbeholder.
c) Kog saucen ind i risene. Rør den knuste tomat eller tomatsauce i de brunede ris, drej varmen til medium eller bare lidt over, og kog under næsten konstant omrøring, indtil næsten.

d) al væsken er fordampet og riskornene hænger ikke længere sammen, cirka 5 minutter. Dette er meget vigtigt, da jo mere væske, der er fordampet, jo lettere bliver risene.

e) Først vil du tro, at det aldrig kommer til at ske, men det vil det. Mod slutningen kan noget af risene begynde at svitse. Lidt af det tilføjer smagen, men sænk varmen for at minimere den.

f) Kog risene. Blend bouillonblandingen kort og hæld den i gryden med risene. Hæv varmen til høj og tilsæt gulerødder, snittet løg, poblano og frosne ærter. Bring bouillonen i kog, dæk gryden til, skru ned for varmen så lavt som muligt for at holde bouillonen ved at simre, og kog i 15 minutter.

g) Tag gryden af varmen og lad risene dampe i 10 minutter. Fjern låget og rør forsigtigt risene med en gaffel for at skille kornene ad. Dæk gryden til og lad risene dampe i 10 minutter mere.

34. Safran Ris

8-10 portioner

ingredienser
- 1 knivspids (ca. 1/4 pakket tsk) safran tråde
- 3 kopper lav-natrium kylling bouillon
- 4 fed hvidløg, hakket
- 1 tsk salt
- 1/2 spsk friskpresset limesaft
- 2 spsk ekstra jomfru olivenolie
- 1-1/2 kopper jasminris, eller erstat enhver god langkornet ris 1/4 kop hakket hvidløg
- 1 medium serrano chili, frø og årer fjernet og hakket
- 2 spsk finthakket persille

Vejbeskrivelse
a) Hæld bouillonen med safran. Læg safran i en varmefast skål. Bring 1 kop bouillon lige i kog og hæld det over safranen. Lad blandingen trække i mindst 15 minutter.
b) Lav resten af kogevæsken. Kom 3 af de hakkede hvidløgsfed og saltet i en blender, tilsæt de resterende 2 kopper bouillon og limesaft, og blend indtil puré.
c) Kog risene i olien. Tilsæt det resterende hakkede fed hvidløg, løg og chili til risene og rør i 1 minut.
d) Rør den blandede bouillonblanding og den safranindgydte bouillon i og bring det i kog. Dæk gryden til, skru varmen så lavt som muligt, mens du holder væsken ved et medium simre, og kog risene i 15 minutter.

e) Afslut risene. Tag gryden af varmen og lad risene dampe tildækket i 10 minutter. Tag låget af og rør forsigtigt risene med en gaffel for at skille kornene ad. Rør persillen i, sæt låget på, og lad risene sidde i yderligere 10 minutter før servering.

35. Arroz Huérfano

8-10 portioner

ingredienser
- Safran Ris
- 1 spsk madolie erstatning
- 1/2 kop blancherede skivede mandler
- 1/3 kop pinjekerner
- 3 ounce lavere natrium skinke, fint hakket

Vejbeskrivelse
a) Sauter nødderne. Mens safranrisene koger, varmes en stegepande op over medium varme. Tilsæt madolien, og når den er smeltet tilsættes nødderne.
b) Sauter nødderne under konstant omrøring, indtil mandlerne begynder at blive gyldne. Tag gryden af varmen, rør skinken i og stil til side.
c) Afslut risene. Efter tilsætning af persillen til safranrisen, rør de kogte nødder og skinke i, dæk gryden til, og lad risene dampe i de sidste 10 minutter.

36. <u>**Frijoles de Olla (grydebønne)**</u>

Cirka 12 halve kop portioner

ingredienser
- 4 liter vand
- 3 spsk salt
- 1-pund pinto eller sorte bønner
- 3 fed hvidløg, hakket
- 1/3 kop hakkede hvide løg
- 1 tsk tørret bladoregano
- 1 liter vand, plus lidt mere, hvis det er nødvendigt
- 2 kviste epazote (valgfrit med sorte bønner)
- Salt efter smag

Vejbeskrivelse
a) Varm og udblød bønnerne. Kom de 4 liter vand, salt og bønner i en gryde.
b) Bring det helt i kog, dæk gryden til, tag den af varmen, og lad bønnerne trække i 1 time.
c) Kassér iblødsætningsvandet, skyl bønnerne grundigt, skyl gryden ud, og kom bønnerne tilbage i den.
d) Gør bønnerne færdige. Kom hvidløg, løg, oregano og 1 kop af vandet i en blender og puré. Tilsæt yderligere 3 kopper vand og blend kort.
e) Hæld den blandede væske i gryden med bønnerne, bring det i kog, og tilsæt epazoten, hvis du bruger. Svits bønnerne, dækket med undtagelse af omkring 1/2 tomme, eller lige nok til at lade lidt damp slippe ud, indtil de er møre.

37. Charro eller berusede bønner

Cirka 7 kopper eller 14 halve kop portioner

ingredienser
- Frijoles de Olla
- 1/2 spsk ekstra jomfru olivenolie
- 1-1/2 ounce (ca. 3 spiseskefulde) mexicansk chorizo, flået og finthakket
- 3/4 kop hakket hvidløg
- 2 fed hvidløg, finthakket
- 1 spsk finthakket Serrano chile
- 1 kop knuste tomater
- 1/2 spsk tørret bladoregano
- 1/4 kop løst pakket koriander

Vejbeskrivelse
a) Sauter og tilsæt grøntsagerne. Når Frijoles de Olla er næsten færdig, opvarmes olivenolien i en stegepande over middel varme. Tilsæt chorizo og kog indtil det meste af fedtet er smeltet. Tilsæt løg, hvidløg og chili og fortsæt med at koge, lige indtil de begynder at blive bløde.
b) Tilsæt tomater og oregano og fortsæt med at koge, indtil de knuste tomater begynder at tykne og mister deres blide smag, cirka 5 minutter.
c) Tilsæt koriander og hæld derefter grydens indhold i bønnerne.
d) Gør bønnerne færdige. Tilsæt saltet og lad det simre i 5 minutter.

38. <u>**Frijoles Refritos (fried bønner)**</u>

4 halve kop portioner

ingredienser
- 2 kopper Frijoles de Olla lavet med pinto eller sorte bønner, eller let saltede eller usaltede bønner, bouillon forbeholdt
- 1 kop bønnebouillon
- 2 teskefulde hakket, chipotle chili
- 1/2 tsk stødt spidskommen
- 1/2 tsk tørret bladoregano
- 2 spsk ekstra jomfru olivenolie
- 2 fed hvidløg, hakket

Vejbeskrivelse
a) Bearbejd bønnerne. Kom bønnerne i en foodprocessor og tilsæt bouillon, chipotle chili, spidskommen og oregano. Behandl indtil bønnerne er glatte, tilsæt mere bouillon, hvis de ser for tykke ud.
b) Kog bønnerne. Varm en stegepande op over middel varme og tilsæt fedtstof eller olie. Tilsæt hvidløg og lad det stege i blot et par sekunder, og tilsæt derefter de purerede bønner. Kog under konstant omrøring, indtil bønnerne er gennemvarmede og så tykke eller tynde, som du kan lide dem.
c) Serveres med osten, hvis du ønsker det.

39. <u>**Bønner i Santa Maria-stil**</u>

Cirka 14 halve kop portioner

ingredienser
- 1 pund pinquito bønner, udblødt
- 1 spsk ekstra jomfru olivenolie
- 1/2 kop lavere natrium skinke, skåret i en 1/4-tommer terninger
- 3 fed hvidløg, hakket
- 3/4 kop knuste tomater
- 1/4 kop Chilesauce
- 1 spsk agave nektar eller sukker
- 2 spsk hakket persille

Vejbeskrivelse
a) Kog bønnerne. Dræn bønnerne, læg dem i en gryde og dæk dem med vand med cirka 1 tomme. Bring det i kog, dæk delvist gryden til, og lad det simre til de er møre, 45-90 minutter. Tjek dem ofte, da du sandsynligvis skal tilføje mere vand fra tid til anden.
b) Tilbered kryddersauce.
c) Kom olivenolien i en stegepande over medium varme og tilsæt hvidløg og steg i 1 minut. Rør tomater, chilesauce, agavenektar og salt i, og lad saucen simre, indtil den lige begynder at tykne, 2-3 minutter.
d) Gør bønnerne færdige. Når bønnerne er møre, drænes alt undtagen cirka 1/2 kop af væsken fra og kryddersauce røres i. Kog bønnerne i 1 minut, rør persillen i og server.

RAJAS

40. Brun Rajas

ingredienser
- 2 spsk ekstra jomfru olivenolie
- 1 mellemstor hvidløg, skåret i 1/4-tommers skiver
- 2 mellemstore Poblano chili, opstammet, frøet og skåret i 1/4-tommers skiver
- 3/4 tsk kosher salt
- Friskkværnet sort peber efter smag
- Saft fra 1/2 lime, eller efter smag

Vejbeskrivelse
a) Opvarm en 12-tommer stegepande over medium-høj til høj varme. Tilsæt olivenolie, løg og chili, og kog under omrøring næsten konstant, indtil chilien er blød, begynder at blive gylden og forkuller en smule.
b) Tilsæt salt, peber og limesaft, bland godt og server.

41. Karameliseret Rajas

ingredienser
- 2 spsk ekstra jomfru olivenolie
- 2 mellemstore hvide løg, skrællet, skåret i 1/4-tommers skiver 3/4 tsk kosher salt
- 3 fed hvidløg, skåret i tynde skiver
- 2 mellemstore Poblano chili, ristet, skrællet, frøet og skåret i 1/4-tommers skiver
- Friskkværnet sort peber efter smag
- Saft fra 1/2 lime, eller efter smag

Vejbeskrivelse

a) Opvarm en 12-tommer stegepande over medium varme. Tilsæt olivenolie, løg og salt, som hjælper løgene med at frigive deres væske.

b) Kog, under jævnlig omrøring, indtil løgene lige begynder at tage farve, og reducer derefter varmen til medium-lav. Bliv ved med at koge løgene langsomt, omrør ofte og juster temperaturen for at forhindre dem i at brænde, indtil de er dybt gyldenbrune.

c) Tilsæt hvidløg og ristede Poblano chili og steg indtil hvidløg og chili er bløde. Rør peber og limesaft i og server.

42. **Paprika rajas**

Udbytte: 6 portioner

Ingrediens
- ½ hver grøn peberfrugt
- ½ hver rød peberfrugt
- ½ hver gul peberfrugt
- ¾ kop Monterey Jack ost; Strimlet
- 2 spsk hakkede modne oliven
- ¼ teskefuld rød peber; Knust

Vejbeskrivelse
a) Skær peberfrugtstrimler på tværs i halve.
b) Arranger i usmurt slagtekyllinger-fast tærteform, 9 X 1¼-tommer eller rund pande 9 X 2-tommer. Drys med ost, oliven og rød peber.
c) Indstil ovnkontrollen til at stege. Steg peberfrugter med toppe 3 til 4 tommer fra varme, indtil osten er smeltet, cirka 3 minutter.

43. Cremet rajas

Udbytte: 1 portioner

Ingrediens
- ½ kop olivenolie
- 2 mellemstore løg, halveret og skåret i 1/4-tommers skiver på langs
- 4 mellemstore røde peberfrugter, ristet, skrællet, frøet og skåret i julien
- 1 kop tung fløde
- ¾ kop revet Manchego eller Monterey Jack ost
- ⅔ kop revet Cotija, Romano eller Parmesanost

Vejbeskrivelse
a) I en stor stegepande opvarmes olien over middel varme. Sauter løgene med salt og peber, indtil de begynder at visne og brune, 8 til 10 minutter. Rør de julienerede røde peberfrugter og chili i.
b) Hæld den tunge fløde i, bring det i kog og lad det simre. Kog i 4 minutter eller indtil cremen begynder at tykne. Rør de revne oste i og tag dem af varmen. Server straks.

44. Rajas og svampe

Udbytte: 1 portioner

Ingrediens
- 8 Jalapeno chili
- 8 kopper svampe
- 1 Løg
- 4 fed hvidløg
- 1 kvist epazote
- Olie
- Salt

Vejbeskrivelse

a) Vask svampe godt. Skær dem i skiver og steg dem ved lav varme i cirka 10 minutter for at trække deres saft ud. Tilsæt salt. Skær løgene i skiver. Hak hvidløgsfeddene og epazoten fint.

b) Udhul chilierne og skær dem i skiver (dann rajas eller strimler).

c) Dræn svampene og steg dem i lidt olie sammen med løg, hvidløg, epazote og chili. Server med varme tortillas.

TACOS

45. Rajas med Crema Tacos

ingredienser
Fyldning:
- 5 Poblano peberfrugter, ristet, skrællet, frøet, skåret i strimler
- 1/4 vand
- 1 Løg, hvidt, stort, i tynde skiver
- 2 fed hvidløg, hakket
- $\frac{1}{2}$ kop grøntsagsbouillon eller bouillon

Crema
- $\frac{1}{2}$ kop mandler, rå
- 1 fed hvidløg
- $\frac{3}{4}$ kop vand
- $\frac{1}{4}$ kop mandelmælk, usødet eller vegetabilsk olie
- 1 spsk. Frisk citronsaft

Vejbeskrivelse
a) Opvarm en stor sauterpande til medium varme, tilsæt vand. Tilsæt løget og sved i 2-3 minutter, eller indtil det er mørt og gennemsigtigt.
b) Tilsæt hvidløg og $\frac{1}{2}$ kop grøntsagsfond, dæk til og lad dampe.
c) Tilsæt Poblano-peberne og lad koge i 1 minut mere. Smag til med salt og peber. Tag af varmen og lad køle lidt af.
d) Kom mandler, hvidløg, vand, mandelmælk og citronsaft i blenderen og kør til en jævn masse. Smag til med salt og peber.
e) Hæld mandelcremaen over det afkølede fyld og bland godt.

46. <u>Sød kartoffel og gulerod Tinga Tacos</u>

Samlet tid - 30 minutter

ingredienser
- 1/4 kop vand
- 1 kop tyndt skåret hvidløg
- 3 fed hvidløg, hakket
- 2 1/2 kopper revet sød kartoffel
- 1 kop revet gulerod
- 1 dåse (14 oz.) tomater i tern
- 1 tsk. Mexicansk oregano (valgfrit)
- 2 Chipotle peberfrugter i adobo
- 1/2 kop grøntsagsfond
- 1 Avocado, skåret i skiver
- 8 tortillas

Vejbeskrivelse
a) Tilsæt vand og løg i en stor sauterpande ved middel varme, steg i 3-4 minutter, indtil løget er gennemsigtigt og blødt. Tilsæt hvidløg og steg videre under omrøring i 1 minut.
b) Tilsæt sød kartoffel og gulerod til gryden og kog i 5 minutter under jævnlig omrøring.
c) Sovs:
d) Placer de hakkede tomater, grøntsagsfond, oregano og chipotle peber i blenderen, og kør dem til en jævn masse.
e) Tilsæt chipotle-tomatsauce på panden og kog i 10-12 minutter, under omrøring af og til, indtil de søde kartofler og gulerod er gennemstegte. Kom eventuelt mere grøntsagsfond i gryden.
f) Server på lune tortillas og top med avocadoskiver.

47. Kartoffel og Chorizo Tacos

Portioner: 4 portioner

ingredienser
- 1 spsk. Vegetabilsk olie, valgfri
- 1 kop løg, hvidt, hakket
- 3 kopper kartofler, skrællet, skåret i tern
- 1 kop vegansk chorizo, kogt
- 12 tortillas
- 1 kop Din yndlingssalsa

Vejbeskrivelse
a) Varm 1 spsk. olie i en stor sauterpande ved middel-lav varme. Tilsæt løg og kog indtil de er bløde og gennemsigtige, cirka 10 minutter .
b) Mens løgene koger, læg dine skåret kartofler i en lille gryde med saltet vand. Bring vandet op til kogepunktet ved høj varme. Sænk varmen til medium og lad kartoflerne koge i 5 minutter.
c) Dræn kartoflerne og kom dem i gryden med løget. Skru varmen op til medium-høj. Kog kartofler og løg i 5 minutter, eller indtil kartoflerne begynder at blive brune. Tilsæt mere olie, hvis det er nødvendigt.
d) Kom kogt chorizo på panden og bland godt. Kog i et minut mere.
e) Smag til med salt og peber.
f) Server med lune tortillas og salsa efter eget valg.

48. Sommer Calabacitas Tacos

Portioner: 4 portioner

ingredienser
- 1/2 kop grøntsagsbouillon
- 1 kop løg, hvidt, fint skåret
- 3 fed hvidløg, hakket
- $\frac{1}{4}$ kop grøntsagsfond eller vand
- 2 Zucchini, store, skåret i tern
- 2 kopper tomat i tern
- 10 tortillas
- 1 Avocado, skåret i skiver
- 1 kop favorit salsa

Vejbeskrivelse
a) Sæt til medium varme i en stor gryde med kraftig bund; sved løget i 1/4 kop grøntsagsbouillon i 2 til 3 minutter, indtil løget er gennemsigtigt.
b) Tilsæt hvidløg og hæld den resterende $\frac{1}{4}$ kop grøntsagsbouillon i, dæk til og lad dampe.
c) Afdæk, tilsæt zucchini og kog i 3-4 minutter, indtil det begynder at blive blødt.
d) Tilsæt tomat og kog i 5 minutter mere, eller indtil alle grøntsagerne er møre.
e) Smag til, og server på lune tortillas med avocadoskiver og salsa.

49. Krydret Zucchini og Black Bean Tacos

Portioner: 4 portioner

ingredienser
- 1 spsk. Vegetabilsk olie, valgfri
- ½ hvidt løg, skåret i tynde skiver
- 3 fed hvidløg, hakket
- 2 mexicanske zucchini, store, i tern
- 1 dåse (14,5 oz.) Sorte bønner, drænet

Chile de Arbol Sauce:
- 2 - 4 Chile de Arbol, tørret
- 1 kop mandler, rå
- ½ løg, hvidt, stort
- 3 fed hvidløg, usrællede
- 1 ½ dl grøntsagsfond, varm

Vejbeskrivelse
a) Opvarm vegetabilsk olie til medium varme i en stor sauterpande. Tilsæt løg og sved i 2-3 minutter, eller indtil løget er mørt og gennemsigtigt.
b) Tilsæt hvidløgsfeddene og steg i 1 minut.
c) Tilsæt zucchinien og kog indtil de er møre, cirka 3-4 minutter. Tilsæt de sorte bønner og bland godt. Lad koge i 1 minut mere. Smag til med salt og peber.
d) For at lave saucen: opvarm en stegepande, comal eller støbejernsgryde til medium-høj varme. Rist chili på hver side, indtil den er let ristet, cirka 30 sekunder på hver side. Fjern fra panden og stil til side.
e) Tilsæt mandlerne til panden og rist til de er gyldne, cirka 2 minutter. Fjern fra panden og stil til side.
f) Rist løg og hvidløg, indtil de er let forkullet, cirka 4 minutter på hver side.

g) Kom mandler, løg, hvidløg og chili i blenderen. Tilsæt den varme grøntsagsfond. Bearbejd indtil glat. Smag til med salt og peber. Saucen skal være tyk og cremet.
1.

50. Oksekødstacos i bøffelstil

Giver 4 portioner

Ingrediens
- 1-pund hakket oksekød (95% magert)
- 1/4 kop cayennepebersauce til Buffalo wings
- 8 tacoskaller
- 1 kop tyndt skåret salat
- 1/4 kop fedtfattig eller almindelig tilberedt blåskimmelostdressing
- 1/2 kop revet gulerod
- 1/3 kop hakket selleri
- 2 spsk hakket frisk koriander
- Gulerods- og selleristænger eller korianderkviste (valgfrit)

Vejbeskrivelse

a) Varm en stor nonstick-gryde op over medium varme, indtil den er varm. Tilsæt hakkebøf; kog 8 til 10 minutter, bryd i små smuldrer og rør af og til. Fjern fra stegepanden med hulske; hæld dryp fra. Vend tilbage til stegepanden; rør pebersauce i. Kog og rør i 1 minut eller indtil det er opvarmet.

b) Imens opvarmes tacoskallerne efter pakkens anvisning .

c)

d) Hæld oksekødblandingen jævnt i tacoskaller. Tilsæt salat; dryp med dressing. Top jævnt med gulerod, selleri og koriander. Pynt med gulerod og selleristænger eller korianderkviste, hvis det ønskes.

51. Oksekød taco wraps

Giver 4 portioner

Ingrediens
- 3/4 pund tyndt skåret deli roastbeef
- 1/2 kop fedtfri sorte bønnedip
- 4 store (ca. 10-tommer diameter) mel-tortillas
- 1 kop tyndt skåret salat
- 3/4 kop hakkede tomater
- 1 kop revet fedtfattig tacokrydret ost
- Salsa

Vejbeskrivelse

a) Fordel sorte bønnedip jævnt over den ene side af hver tortilla.

b) Læg deli roastbeef over bønnedip, og efterlad en 1/2-tommers kant rundt om kanterne. Drys lige store mængder salat, tomat og ost over hver tortilla.

c) Fold højre og venstre side til midten, overlappende kanter. Fold den nederste kant af tortilla op over fyldet og rul lukket.

d) Skær hver rulle i halve. Server med salsa, hvis det ønskes.

52. Grillet oksetaco i Carnitas-stil

Giver 6 portioner

Ingrediens

- 4 oksekød flade jernsteaks (ca. 8 ounce hver)
- 18 små majstortillas (6 til 7-tommer diameter)
- **Toppings:**
- Hakket hvidløg, hakket frisk koriander, limebåde
- **Marinade:**
- 1 kop tilberedt tomatillosalsa
- 1/3 kop hakket frisk koriander
- 2 spsk frisk limesaft
- 2 tsk hakket hvidløg
- 1/2 tsk salt
- 1/4 tsk peber
- 1-1/2 kopper tilberedt tomatillosalsa

- 1 stor avocado i tern

- 2/3 kop hakket frisk koriander

- 1/2 kop hakket hvidløg

- 1 spsk frisk limesaft

- 1 tsk hakket hvidløg

- 1/2 tsk salt

Vejbeskrivelse

a) Kombiner marinade ingredienser i en lille skål. Læg oksebøffer og marinade i en fødevaresikker plastikpose; vend bøffer til pels. Luk posen forsvarligt og mariner i køleskabet i 15 minutter til 2 timer.

b)

c) Fjern bøffer fra marinaden; kasser marinade. Læg bøfferne på rist over mellemstore, aske-dækkede kul. Grill, tildækket, 10 til 14 minutter (over medium varme på forvarmet gasgrill, 12 til 16 minutter) til medium sjælden (145°F) til medium (160°F) færdighed, vend lejlighedsvis.

d) ingredienserne til avocadosalsaen i en mellemstor skål. Sæt til side.

e) Læg tortillas på rist. Grill til den er varm og let forkullet. Fjerne; holde varm.

f) Skær bøfferne i skiver. Server i tortillas med avocadosalsa. Top med løg, koriander og limebåde efter ønske.

53. Små taco oksekød tærter

Giver 30 små tærter

Ingrediens

- 12 ounce hakket oksekød (95% magert)

- 1/2 kop hakket løg

- 1 fed hvidløg, finthakket

- 1/2 kop forberedt mild eller medium taco sauce

- 1/2 tsk stødt spidskommen

- 1/4 tsk salt

- 1/8 tsk peber

- 2 pakker (2,1 ounce hver) frosne mini filoskaller (30 skaller i alt)

- 1/2 kop revet mexicansk osteblanding med reduceret fedtindhold

- **Toppings:** Strimlet salat, skivede vindrue eller cherrytomater, guacamole, fedtfattig creme fraiche, skivede modne oliven

Vejbeskrivelse

a) Forvarm ovnen til 350°F. Varm en stor nonstick-gryde op over medium varme, indtil den er varm. Tilsæt hakket oksekød, løg og hvidløg i en stor nonstick-gryde ved middel varme i 8 til 10 minutter, del oksekødet i små smuldrer og rør af og til. Hæld dryp fra evt.

b) Tilsæt tacosauce, spidskommen, salt og peber; kog og rør i 1 til 2 minutter, eller indtil blandingen er opvarmet.

c)

d) Læg filoskallerne på en bageplade med rand. Hæld oksekødsblandingen jævnt i skaller. Top jævnt med ost. Bag 9 til 10 minutter, eller indtil skallerne er sprøde, og osten er smeltet.

e) Top tærter med salat, tomater, guacamole, creme fraiche og oliven efter ønske.

54. En gryde osteagtig tacopande

Giver 30 små tærter

Ingrediens

- 1-pund magert hakkebøf
- 1 stort gult løg i tern
- 2 mellemstore zucchini i tern
- 1 gul peberfrugt i tern
- 1 pakke tacokrydderi
- 1 dåse tomater i tern med grønne chili
- 1 1/2 kopper revet cheddar eller Monterey jack ost
- Grønne løg til pynt
- Salat, ris, mel eller majstortillas til servering

Vejbeskrivelse

a) Varm en stor nonstick-gryde op over medium varme, indtil den er varm. Tilsæt hakkebøf, løg,

b) zucchini og gul peber; kog 8 til 10 minutter, bryd i små smuldrer og rør af og til. Hæld dryp fra, hvis det er nødvendigt.

c) Tilsæt tacokrydderi, 3/4 kop vand og hakkede tomater. Skru ned for varmen og lad det simre i 7 til 10 minutter.

d) Top med revet ost og grønne løg. Rør ikke.

e) Når osten er smeltet, server over en bund af salat, ris eller i mel eller majstortillas!

55. Nederdel steak street tacos

Giver 6 tacos

Ingrediens
- 1 nederdelsteak, skåret i 4 til 6-tommers portioner (1-1/2 til 2 pund), skåret på tværs af kornet i tynde strimler
- 12 seks-tommer majstortillas
- 1/2 tsk salt
- 1/4 tsk cayennepeber
- 1/2 tsk hvidløgspulver
- 1/2 tsk hakket hvidløg
- 1 tsk olie
- 1 kop hakket løg
- 1/2 kop korianderblade, groft hakket
- 2 kopper tyndt skåret rødkål

Cilantro Lime Vinaigrette:
- 3/4 kop korianderblade
- Saft fra 2 limefrugter
- 1/3 kop olivenolie
- 4 tsk hakket hvidløg
- 1/4 kop hvid eddike
- 4 teskefulde sukker
- 1/4 kop mælk
- 1/2 kop creme fraiche

Vejbeskrivelse
a) Varm olie op over medium varme. Smag skåret bøf til med salt, cayennepeber og hvidløgspulver. Tilføj bøf til panden og sauter indtil gennemstegt (8 til 10 minutter). Tilsæt hvidløg og sauter 1 til 2 minutter længere, indtil

hvidløg er duftende. Fjern fra varmen og skær bøffen i tern.

b) Pisk alle ingredienserne til vinaigretten sammen. Tilsæt blandingen til en blender og puls, indtil den er glat, cirka 1 til 2 minutter.

c) Fyld opvarmede majstortillas (brug to pr. taco) med bøf, løg, hakket koriander og kål. Dryp med vinaigrette og server.

SUPPER OG SALATER

56. Sopa Tarasca

4 portioner

ingredienser

Til tortillastrimlerne
- 2 tortillas, skåret i strimler omkring 2 tommer lange og 1/8 tommer brede
- olie til stegning af tortillastrimlerne

Til suppen
- 1 spsk olie
- 2/3 kop hakkede hvide løg
- 2 fed hvidløg, hakket groft
- 2-1/4 kopper, usaltede hakkede tomater med juice
- 1 spsk ren ancho chile pulver
- Cirka 5 kopper lav-natrium kylling bouillon
- 2 laurbærblade
- 1/2 tsk hel tørret timian
- 1/4 tsk merian
- 1/4 tsk tørret bladoregano
- 1 tsk salt, eller efter smag
- 1 kop revet queso fresco, eller erstatning frisk mozzarella
- 2 ancho chili, stilke og frø fjernet, skåret i halve og simret i vand i 15 minutter
- 1/4 kop creme fraiche
- 1 grønt løg, hakket (kun den grønne del)

Vejbeskrivelse
a) Steg tortillastrimlerne. Opvarm omkring 2 tommer olie i en mellemstor gryde til omkring 350 ° F. Steg tortillastrimlerne til de er sprøde. Afdryp på køkkenrulle og reserver.
b) Lav suppen. Varm en stegepande op over middel varme, tilsæt olien, og svits løg og hvidløg, indtil løgene er bløde, men ikke brunede, 4-5 minutter. Læg dem i en blender; tilsæt tomaterne med deres saft og chilipulver, og purér.
c) Tilsæt en kop eller 2 bouillon (hvad end din blender kan rumme), puls for at blande, og hæld derefter blandingen i en gryde.
d) Tilsæt den resterende bouillon, laurbærbladene, timian, merian, oregano og salt i gryden. Bring det i kog og lad det simre i 15 minutter.
e) Server suppen. Placer 1/4 kop ost og 1/2 blød ancho chili i hver af fire skåle. Hæld suppen over osten og top den med creme fraiche, tortillastrimler og grønt løg.

57. Sort bønnesuppe

ingredienser

- 1/2 spsk ekstra jomfru olivenolie
- 1/2 kop hakket hvidløg
- 3 fed hvidløg, groft hakket
- 1 meget lille ancho chili, frøet og revet i små stykker, eller 1/2 større chili
- 1 tsk hakket chipotle chili
- 1 (15-ounce) dåse usaltede sorte bønner, inklusive den flydende 1/2 tsk salt
- 3 kopper lav-natrium kylling bouillon
- 1/4 tsk stødt spidskommen
- 1/2 spsk hakket koriander
- 1 kvist epazote (valgfrit)
- 1/2 tsk røget sød spansk paprika 1/2 tsk salt, hvis du bruger usaltede bønner 1/4 tsk fintkværnet sort peber 1 tsk friskpresset limejuice
- 1 spsk tør sherry

Vejbeskrivelse

a) Lav suppen. Varm olivenolien op i en mellemstor gryde ved middel varme, indtil den skinner. Tilsæt løget og steg til det lige er blødt, men ikke brunet.
b) Tilsæt hvidløg og steg endnu et minut, tilsæt derefter begge chili og fortsæt med at koge under jævnlig omrøring, 1-1/2-2 minutter.
c) Tilsæt de resterende ingredienser undtagen limesaft og sherry, bring det i kog, dæk delvist til og lad det simre i 10 minutter.

d) Lad blandingen køle af. Fjern og kassér epazoten, hvis du har brugt den. Hæld ingredienserne i en blender og blend i 2 minutter, eller indtil pureret, i 2 omgange, hvis det er nødvendigt.

e) Kom suppen tilbage i gryden, bring det i kog, rør limesaft og sherry i og server.

58. Tlapan-stil suppe

6 portioner

ingredienser
- 2 tomater, stegte
- 6 kopper lav-natrium kylling bouillon
- 1/2 pund udbenet, skindfri kyllingebryst 1 spsk ekstra jomfru olivenolie 1 kop finthakket hvidløg
- 2 fed hvidløg, hakket
- 3/4 kop skrællede og finthakkede gulerødder
- 1-1/2 kopper garbanzo bønner, drænet og skyllet
- 1 kop finthakket zucchini
- 1/2 kop frosne grønne ærter, optøet
- 1 tørret chipotle chili, eller en chipotle plus 1 tsk adobo sauce
- 1 tsk friskpresset limesaft 1/4 tsk fintkværnet sort peber 1/4 tsk salt, eller efter smag
- 1 medium moden avocado, skåret i 1/2-tommers stykker 1/4 kop revet cotija ost (valgfrit) Limebåde

Vejbeskrivelse

a) Forbered tomaterne. Purér tomaterne i en blender eller foodprocessor og si gennem det fine blad på en madmølle eller skub dem gennem en si. Reservere.
b) Kog og riv kyllingen. Kom bouillon og kyllingebryst i en stor gryde, bring det i kog, og kog lige indtil kyllingen er gennemstegt, cirka 10 minutter. Fjern kyllingen og gem bouillonen.
c) Når kyllingen er afkølet nok til at kunne klare den, rives den og fordeles mellem fire suppeskåle.

d) Lav suppen. Varm en stor gryde op over medium varme. Tilsæt olivenolie og løg og sauter, indtil løgene lige er begyndt at brune, cirka 5 minutter. Tilsæt hvidløg og steg i 1 minut mere. Tilsæt den reserverede bouillon og de resterende ingredienser undtagen avocado og ost, og lad det simre i 8-10 minutter.

e) Afslut og server suppen. Fjern chilien og hæld suppen over den kogte kylling. Tilsæt lige store portioner af avocadoen til hver skål og top med lidt af osten, hvis det ønskes. Server med limebåde ved siden af.

59. Puebla suppe

4 halve kop portioner

ingredienser
- 2-1/2 spsk madolie
- 4 ounce skrællede og hakkede kartofler
- 3-1/4 dl hønsebouillon med lavt natriumindhold
- 1 kop hakket hvidløg
- 2 kopper skrællet og hakket zucchini
- 3/4 kop ristet, skrællet, frøet og hakket Poblano chili
- 1/4 dyngede tsk tørret timian
- 1/4 dynge tsk salt
- 3/4 kop 2% mælk
- 2 ounce del skummetmælk

Vejbeskrivelse
a) Kog kartoflerne og lav bouillonen. Varm en gryde op over middel varme. Smelt 1/2 spsk af madolien og tilsæt kartoflerne.
b) Sauter kartoflerne, indtil de begynder at blive bløde, men lad dem ikke brune, 4-5 minutter. Tilsæt 1-1/4 kopper bouillon til gryden, læg låg på og lad det simre i 5 minutter.
c) Hæld bouillon og kartofler i en blender, blend i ca. 2 minutter. Tilsæt den resterende bouillon og puls for at kombinere.

d) Kog grøntsagerne. Ved middel varme smelter du den resterende madolie i den samme gryde, som du kogte kartoflerne i. Rør løg og zucchini i og steg, indtil løgene er bløde, men ikke brunede, cirka 5 minutter.

e) Lav suppen. Tilsæt resten af chili, timian, salt og blandede kartofler og bouillon til grøntsagerne og lad det simre i 5 minutter. Rør mælken i og lad det simre i yderligere 5 minutter.

60. Kartoffelsalat

4 portioner

ingredienser
Til dressingen
- 1/8 tsk salt
- 1/4 tsk peber
- 2 spsk ekstra jomfru olivenolie
- 1 spsk finthakket purløg
- 1 spsk finthakket persille
- 1 spsk finthakket koriander

Til salaten
- 1-1/4 kopper skrællede gulerødder i tern, 1/2-tommers stykker
- 2-1/2 kopper skrællede og skåret kartofler, 1/2-tommers stykker
- 2 ounce chorizo, skindet fjernet, finthakket
- 1 Serrano chili, frø og årer fjernet, hakket
- 1 mellemstor til stor avocado, skåret i 1/2-tommers stykker (valgfrit)

Vejbeskrivelse
a) Lav dressingen. I en skål piskes salt og peber sammen. Tilsæt olivenolien i en langsom strøm, mens du pisk konstant for at skabe en emulsion, tilsæt derefter purløg, persille og koriander og bland godt.
b) Kog kartoflerne og gulerødderne. Bring 6 kopper vand i kog. Tilsæt salt og gulerødder og lad det simre, indtil gulerødderne er meget møre, men ikke grødede. Fjern de kogte gulerødder med en si og skyl under koldt rindende vand for at stoppe kogningen.

c) Kog kartoflerne i det samme vand, indtil de er meget møre, men ikke grødet, og afdryp dem i et dørslag. Skyl under koldt rindende vand for at stoppe tilberedningen.

d) Kog chorizoen. Varm en nonstick-gryde op over medium varme og tilsæt chorizo. Så snart det begynder at syde, tilsæt Serrano og fortsæt med at koge, rør og bryd chorizoen op med en plastik- eller træske, indtil den er gylden og begynder at blive sprød.

e) Afslut salaten. Når chorizoen er færdig, tages gryden af varmen. Lad det afkøle i 1 minut og rør derefter de reserverede gulerødder og kartofler i.

f) Skrab det hele i en mellemstor skål, tilsæt dressingen og avocadoen, hvis du bruger, og bland forsigtigt, men grundigt.

61. Tequila-maker's salat

4 portioner

ingredienser

Til dressingen
- 2 spsk sangrita
- 1 spsk plus 2 teskefulde friskpresset limejuice
- 1/4 kop ekstra jomfru olivenolie
- Salt efter smag
- 3/4 tsk friskkværnet sort peber, eller efter smag

Til salaten
- 1 kop nopalitos, saltet eller kogt indtil de er møre
- 2 kopper garbanzo bønner, skyllet og drænet
- 2 kopper frisk spinat, pakket
- 1 stor tomat, skåret i mundrette stykker
- 1 stor avocado eller 2 små, hakket
- 2 grønne løg, finthakket
- 1/4 kop hakket koriander
- 4 ounces queso fresco

Vejbeskrivelse

a) Lav dressingen. I en lille til mellemstor skål piskes sangrita og limesaft sammen.

b) Fortsæt med at piske kraftigt, mens du tilsætter olivenolien i en langsom stråle, indtil dressingen emulgerer. Rør salt og peber i.

c) Lav salaten. Bland alle salatens ingredienser i en stor skål. Tilsæt dressingen og vend godt rundt.

62. Ensalada de Col

ingredienser
Til dressingen
- 2 spsk plus
- 2 teskefulde salt
- 1/2 tsk fintkværnet sort peber 1/3 kop olie

Til slaw
- 12 ounce meget fint skåret eller strimlet grønkål
- 6 ounce meget fint skåret eller strimlet lilla kål
- 4 ounce skrællede revne gulerødder

Vejbeskrivelse
a) Lav dressingen. Pisk salt og peber sammen, og pisk derefter olien i i en langsom stråle.

b) Lav slaw'en. Kom slaw ingredienserne i en stor skål og vend med dressingen. Lad slaw'en stå ved stuetemperatur i 3 til 4 timer, og rør rundt hver halve time. I slutningen af den tid vil kålen være blødgjort, og smagene smeltet sammen.

c) Hæld slaw'en i en stor si for at dræne den overskydende væske (og salt) af og stil den på køl indtil servering, og hæld overskydende væske fra fra tid til anden.

d) Slawen holder sig på køl i cirka en uge.

TOSTADAS

63. Grundlæggende Tostadas

4 portioner, 2 tostadas hver

ingredienser
- 8 tortilla tostada skaller
- 1/2 kop fried bønner
- 3/4 kop chorizo-, kartoffel- og gulerodsfyld
- 1 kop revet salat
- 3/4 kop hakkede tomater
- 2 spsk revet gedeost
- Salsa

Vejbeskrivelse
a) Læg 2 tostadaskaller på hver af fire tallerkener og fordel cirka 2 spsk af bønnerne på hver enkelt.
b) Top med lige store mængder af chorizo-, kartoffel- og gulerødderfyldet, salat, tomater og ost og server med salsaen.

64. Kartoffel Gorditas

Omkring 16 Gorditas

ingredienser
- 14 ounce forberedt masa til tortillas, eller 1-1/2 kopper Maseca og 1 kop plus 1 spsk vand
- 9 ounce skrællede rødbrune kartofler (vejet efter skrælning), skåret i 1-1/2-tommers stykker
- 2 tsk madolie, plus madlavningsspray til stegning af Gorditas
- 1/2 tsk salt
- Pico de Gallo, eller din yndlingssalsa
- 1/2 kop guacamole

Vejbeskrivelse
a) Forbered masaen. Hvis du bruger Maseca til tortillas, læg 1-1/2 kopper i en mellemstor skål og rør 1 kop plus 1 spsk vand i med en træske. Ælt dejen i cirka 2 minutter, eller indtil den er helt glat, og lad den derefter hvile i 30 minutter, dækket af plastfolie, så den vil hydrere helt.
b) Dejen skal veje omkring 14 ounce.
c) Kog kartoflerne og gør dejen færdig. Læg kartoflerne i en gryde, dæk dem med flere centimeter vand, og lad dem simre, indtil de nemt kan gennembores med en skærekniv.
d) Dræn kartoflerne og kom dem gennem en kartoffelrister eller mos dem grundigt. Rør madolie og salt i. For at afslutte dejen skal du kombinere de 14 ounce tortilla masa og kartoffelmosblandingen.

e) Dann Gorditas. Klap 1-1/2-ounce stykker af dejen i cirkler. De skal være mellem 1/8- og 1/4-tommer tykke. Opvarm en nonstick-gryde over medium varme (ca. 350°-375°F, hvis du har et lasertermometer).

f) Tilføj lige nok madlavningsspray til at filme overfladen og kog dejen, indtil den begynder at blive gyldenbrun i bunden, cirka 4 minutter. Vend gorditaerne og steg yderligere 4 minutter på den anden side.

g) Top dem med lidt Pico de Gallo, Guacamole eller næsten alt andet du kan lide, og server.

65. Oksekød toppet tostadas

Udbytte: 4 portioner

Ingrediens
- Server Tostadas åben med creme fraiche eller salsa.
- 4 store meltortillas
- 1 pund magert hakkebøf
- 1 stk Løg, hakket
- 1 hver Jalapeno peber, frøet og skåret i tern
- 1 hver fed hvidløg, hakket
- 1 spsk chilipulver
- 1 tsk stødt spidskommen
- $\frac{1}{4}$ teskefuld Salt
- knivspids peber
- 1 stor tomat, kernet og hakket
- 1 kop hver: revet salat

Vejbeskrivelse
a) Peirce tortillas nogle få steder; mikroovn hver på rist ved høj i 1-$\frac{1}{2}$ til 2 minutter eller indtil knap sprøde, drej og roter én gang.
b) Placer på tallerkener til mikroovn. Smuldr oksekød i en 8 kops skål, tilsæt løg, jalapeno og hvidløg. Mikrobølgeovn ved høj temperatur under ofte omrøring i 3-5 minutter, eller indtil kødet ikke længere er lyserødt. Rør chilipulver, spidskommen, salt og peber i. Tilføj tomat, mikroovn ved høj i 1-2 minutter, eller indtil varm. Brug en hulske, fordel mellem tortillas, drys med salat og derefter ost.
c) Mikroovn hver ved høj i 30-60 sekunder, eller indtil osten smelter.

66. Chipotle kylling tostada

Udbytte: 4 portioner

Ingrediens
- 2 hele kyllingebryst, udbenet og uden skind
- x Salt og peber
- 1½ kopper Rosarita ristet salsa, med.
- ¼ kop appelsinjuice
- 1 spsk Chipotle chili på dåse, pureret
- 2 dåser (16 oz. ea.) Rosarita No Fat Traditionelle Refried Beans
- 4 store riflede tostadoskaller, opvarmede
- 2 kopper revet salat
- 1 kop revet cheddarost med lavt fedtindhold
- 1 kop hakkede tomater
- ½ kop Fedtfattig creme fraiche (opt.)
- ¼ kop modne sorte oliven i skiver
- ¼ kop hakkede grønne løg

Vejbeskrivelse
a) Læg kyllingen i et lavvandet glasfad. Drys med salt og peber efter smag. Bages ved 350 grader F. i 20 til 25 minutter, eller indtil kyllingen er let brun og mør. Skær i strimler eller riv med en gaffel. Kombiner kylling, 1 kop Rosaritasalsa, appelsinjuice og chipotle chili i en lille blandeskål; bland godt. Sæt til side.
b) Kom Rosarita refried bønner og den resterende Rosarita salsa i en gryde. Opvarm over medium varme 5-7 minutter, omrør ofte. Læg 1 spiseskefuld varm bønneblanding i midten af hver af 4 serveringsplader.
c) Placer forvarmede tostada-skaller på en klat varm bønneblanding for at forhindre bevægelse.

d) Fordel ingredienserne ligeligt mellem tostadaskallerne og lag dem i følgende rækkefølge: bønneblanding, kyllingesalsablanding, salat, cheddar, tomater, creme fraiche, oliven og grønne løg.

67. Kokosmælk is tostada sundae

Udbytte: 6 portioner

Ingrediens
- 1 kop kokosstrimler
- 6 Dessert Tostada kopper
- Ananas-anisette sauce

Vejbeskrivelse
a) Placer kokosnødden i en usmurt stegepande, og rør over medium varme, indtil den er oversået med gyldne brune pletter, cirka 2 minutter.
b) For at samle skal du placere 2 eller 3 kugler Coconut Milk Ice Cream i midten af hver tostada-kop.
c) Top med ananas-anisette sauce og de ristede kokosstrimler. Spis med det samme.

68. Rejetostadas med guacamole

Udbytte: 4 portioner

Ingrediens
Guacamole
- 2 store avocadoer
- 2 tsk frisk limesaft
- ½ tsk salt
- 2 grønne løg
- 1 lille flået tomat; kvarteret
- 1 fed hvidløg
- 1 lille varm chilipeber frøet

Rejer og tostadas
- Olie til stegning
- 8 tortillas
- 32 mellemstore rejer
- 1 dåse 16 oz. refried bønner
- 2 spsk olie
- Frisk salsa
- Små skåle med hakket salat, løg,
- Queso fresco
- Persille.

Vejbeskrivelse
a) Guacamole: Skær avocadoerne i halve og fjern kerner, tag avocadokødet ud af skallen og kom i foodprocessor, tilsæt limesaft, forarbejd indtil pureret.
b) Tilsæt salt, løg, tomat, hvidløg og lille varm peber til blandingen og bearbejd igen, indtil det er fint pureret. Overfør til en lille skål for at bringe til bordet.

c) Steg tortillas: Opvarm 1" olie i en lavvandet 8"-9" stegepande. Skub tortillas en efter en i olie og steg på hver side, indtil de er gyldne. Fjern straks, afdryp på køkkenrulle.

d) Grill rejer, tilbered bønner:

e) Træk rejer på 8 10" spyd og grill over kul. Mens rejerne koger, overfører du ristede bønner fra dåse til gryde

f) Tilsæt 2 spsk olie, rør godt rundt og varm op ved svag varme. Når rejerne er kogt, fjernes spyddene, overføres til et lille fad og bringes til bordet.

g) Gæster bør lave deres egne tostadas. Fordel de refried bønner oven på en stegt tostadas. Arranger rejer over dette og hæld lidt salsa og guacamole over rejer. Tilsæt derefter lidt salat, løg og ost over toppen. Top med persille eller koriander.

DESSERT

69. Flan de queso

Udbytte: 4 portioner

Ingrediens
- 4 Stort Æg s
- 1 dåse (14 Oz) kondenseret mælk; Sødet
- 1 dåse (12 oz.) Inddampet mælk
- 6 ounce Flødeost
- 1 tsk Vanille ekstrakt

Vejbeskrivelse
a) Bland æg, mælk og vanilje sammen.
b) Blødgør flødeosten og bland den sammen med de øvrige ingredienser.
c) Pas på ikke at overblande flødeosten, ellers vil det forårsage luftlommer i flanen.
d) Forbered en karamel ved at koge $\frac{1}{2}$ kop sukker over lavt blus, indtil sukkeret bliver flydende. Brug en metalbeholder til at gøre dette.
e) Vend lige nok karamel i panden/ramekinen til at dække bunden.
f) Når sukkeret er hårdt, hældes den dej, du forberedte i trin 1 og 2, i panden/ramekinen.
g) Læg pande/ramekin i en bain-marie. Panden/ramekinen, som ingredienserne er i, skal være $\frac{3}{4}$ nedsænket i vand.
h) Bages ved 325 grader Fahrenheit i cirka $\frac{1}{2}$ time. Skålen er færdig, når en kniv/tandstikker, der stikkes i den, kommer ren ud.
i)

70.   **Mexicansk kødbrød**

Udbytte: 1 portioner

Ingrediens
- 1 pund Hakket kød
- 1 Æg
- 1 lille Hakket løg
- Hvidløgssalt
- Persille
- ½ kop Brødkrummer
- ½ kop Mælk
- 1 spiseskefuld Sennep
- 2 Oksebouillonterninger
- 1 spiseskefuld Worcestershire sauce
- 5 Gulerødder men på langs
- 1 dåse Tomat juice
- 2 medier Kartofler

Vejbeskrivelse
a) Bland hakket kød, æg, løg, hvidløgssalt, persille, brødkrummer, mælk og sennep sammen.
b) Rul i krydret mel med paprika, salt og peber. Brun i en elektrisk stegepande, brun på alle sider. Tilsæt bouillonterninger, Worcestershiresauce, gulerødder, tomatsaft og kartofler.
c) Kog tildækket med kød i cirka 1 time og 15 minutter, eller indtil de er gennemstegte.

71. Vandmelon Paleta Shot

Forberedelsestid 15 minutter

ingredienser
- 4 kopper Vandmelon i tern, uden kerner
- ½ kop Tequila, (Corralejo reposado)
- 3 spsk. Limesaft, frisk
- ½ kop sukker eller sødemiddel efter eget valg
- 10 tsk. Tajin chili pulver

Vejbeskrivelse
a) Kom vandmelon, tequila, limesaft og sukker i blenderen, og kør den til en jævn masse.
b) Læg 1 tsk. chilepulver i bunden af hver ispindeform.
c) Hæld vandmelonblandingen i forme, sæt låg på, sæt ispinde i, og frys natten over.

72. Carlota de Limon

Portioner: 8 Portioner

ingredienser
- 1 pakke (16 oz.). Silke tofu (blød)
- 1/3 kop mandelmælk, usødet
- 1 kop sukker, eller dit yndlingssødestof
- 1/3 kop Key lime juice, frisk
- 2 pakker (ærmer) Veganske Maria cookies

Vejbeskrivelse
a) Kom tofu, sukker og mandelmælk i blenderen. Sæt blenderen på lav indstilling og tilsæt limesaft gradvist, indtil blandingen tykner og dækker bagsiden af en ske.
b) Beklæd bunden af en 8×8 glas bradepande med bagepapir, tilsæt lidt limecreme og dæk den med et lag småkager og hæld noget af limecremeblandingen ovenpå; nok til at dække dem, men ikke drukne dem.
c) Gentag denne proces ved at tilføje endnu et lag småkager og derefter dække det med limecremen, gentag indtil al limecremeblandingen og småkagerne er brugt op.
d) TRYK IKKE NED på cookies. Du vil gerne have et godt lag limecreme imellem småkagerne og presse dem ned med at skubbe limecremen til siderne.
e) Stil kagen i køleskabet i mindst 4 timer eller til den har sat sig.
f) Vend bageformen på en tallerken. Pil forsigtigt pergamentet af.

73. Mango og Chamoy Slushie

Portioner: 2 portioner

ingredienser

Chamoy
- 1 kop abrikoser, tørrede
- 2 kopper vand
- 2-3 spsk. Chile ancho pulver
- 2 spsk. Limesaft, frisk

Slushie
- 1 kop + 2 spsk. Mango i tern
- 1 kop is
- 6 spsk. Chamoy
- 1 lime, saft af
- Chilepulver efter smag (tajín)

Vejbeskrivelse

a) For at lave chamojen, læg de tørrede abrikoser og vand i en gryde og bring det i kog. Sænk varmen og lad det simre i 30 min. Sæt til side.

b) Reserver ¾ af en kop af abrikos-tilberedningsvæsken.

c) Tag de kogte abrikoser, reserveret madlavningsvæske, chilianchopulver, limesaft og blend indtil glat. Tilsæt mere eller mindre vand for en tyndere eller tykkere konsistens. (Jeg efterlod min lidt på den tykke side.) Lad afkøle.

d) For at gøre slushy, læg ½ kop mango i bunden af blenderbeholderen, tilsæt et lag is, fortsæt med at veksle lagene på denne måde med resten af din is og 1 kop mango.

e) Blend på medium hastighed, indtil du har en blød konsistens. Selv om isstykkerne er små, skal de stadig ses.

f) For at samle, tag til glas og hæld i en spsk. af chamoy i bunden af hver enkelt. Tilføj et lag mango slushy, efterfulgt af endnu en spsk. af chamoy. Gentag en gang til.

g) Drys 1 spsk. af mango i tern på toppen af hver færdig slushy. Pres halvdelen af en lime i hvert glas og top med så meget chilipulver, som du ønsker. Server med en ske og et sugerør.

1.

74. Mousse de Chokolade

Cirka 10 kvarte kop portioner

ingredienser
- 1 pund silke eller blød tofu
- 1 tsk vaniljeekstrakt
- 1 spsk honning
- 3/4 tsk ren ancho chile pulver 1/8 tsk salt
- 1/4 dyngede tsk kanel
- 5-1/4 ounce mørk chokolade skåret i meget små stykker
- 3 spiseskefulde Kahlua, Grand Marnier, Cointreau eller triple sec, eller erstatning for appelsinjuice

Vejbeskrivelse
a) Kom tofu, vanilje, honning, chilipulver, salt og kanel i skålen på en foodprocessor udstyret med stålbladet.
b) Placer en skål af rustfrit stål over en lille til mellemstor gryde med kogende vand. Kom chokoladen og likøren eller appelsinjuice i gryden og rør jævnligt med en træske, indtil chokoladen er helt smeltet, 1-2 minutter.
c) Tilsæt chokoladeblandingen til foodprocessoren og forarbejd med de øvrige ingredienser i 1 minut, stop efter behov for at skrabe siderne af skålen ned. Hæld blandingen i en stor skål eller i separate små serveringsfade.
d) Dæk med plastfolie og stil på køl i flere timer.

75. **Bananer og mandarin med vaniljesauce**

4 kvarte kop portioner

ingredienser

Til creme sauce
- 1/4 tsk kanel
- 2 kopper sojamælk med vaniljesmag
- 1 spsk madolie
- 2 spsk agave nektar
- 1/2 tsk vaniljeekstrakt
- 1/4 tsk salt

At færdiggøre
- 3 kopper hakkede bananer
- 1 kop mandarin appelsiner

Vejbeskrivelse

a) Lav creme saucen. Kom kanelen i en lille gryde og rør sojamælken i en spiseskefuld eller 2 ad gangen, indtil den er godt blandet.

b) Rør resten af mælken i i en tynd stråle og tilsæt madolie. Bring det i kog og lad det simre, indtil det tykner til konsistensen af lys creme, cirka 10 minutter.

c) Afslut desserten. Lad saucen koge lidt og hæld den over den opskårne frugt.

76. Sorbet de Jamaica

5 halve kop portioner

ingredienser
- 2-1/2 kopper tørrede Jamaica-blade (fås hos spanske dagligvarer)
- 1 liter vand
- 1/2-ounce frisk ingefær, finthakket 1 kop sukker
- 1 spsk friskpresset limesaft
- 2 spsk limoncello

Vejbeskrivelse
a) Lav teen. Læg Jamaica-bladene i en gryde eller skål, bring vandet i kog, og hæld det over bladene. Dæk til og lad det trække i 15 minutter. Si teen og kassér Jamaica.
b) Lav sorbetbunden. Kom ingefæren i en blender, tilsæt 1 kop te, og blend indtil den er fuldstændig pureret, 1-2 minutter. Tilføj yderligere 1-1/2 kop te og blend igen.
c) Hæld sorbetbunden i en gryde, tilsæt sukkeret og bring det i kog under omrøring for at opløse sukkeret. Tag gryden af varmen, så snart sorbetbunden koger. Rør limesaften i og afkøl. Stil bunden på køl, indtil den når 60°F.
d) Frys sorbeten ned. Tilføj limoncelloen til den afkølede bund og hæld den i en ismaskine. Frys i henhold til producentens anvisninger, indtil den er frossen, men stadig blød, 20-30 minutter.

77. Grillet mango

4 portioner

ingredienser
- 4 modne mangoer
- 3 teskefulde agave nektar, eller erstatningssukker
Madlavningsspray
- Limebåde

Vejbeskrivelse
Varm en grill op til høj, eller opvarm en grillpande over høj varme.
a) Skær mangoerne i skiver. Det er altid svært at vide præcis, hvor frøene af mango er, så trial and error er den bedste løsning. Målet er at skære mangoen i så store stykker som muligt, der ikke indeholder frø. Læg en mango på siden og skær den i halve, uden for midten, for at gå glip af frøet.
b) Skær de tre andre sider af mangoen på samme måde. Dernæst krydsskraver frugten i firkanter på omkring 1/2 tomme.
c) Ved at skære gennem frugten lige til skindet, men ikke igennem det. Lav snittene en halv tomme fra hinanden, gå den ene vej, og gør det samme den anden vej for at skabe det krydsskraverede design.
d) Forbered de skåret mangoer. Pensl lidt agavenektar på snitfladerne af hver mango og spray derefter med lidt madlavningsspray.
e) Grill mangoerne med kødsiden nedad i et minut eller 2, eller bare indtil de er svitset med grillmærker, men kog dem ikke før de er bløde og helt gennemvarme.

f) Det er vigtigt at bevare den faste tekstur og kontrasten mellem den varme overflade og det køligere interiør.

g) Server mangoerne med limebåde.

78. Hurtig frugtbudding

4 portioner

ingredienser
- 2 bananer, skrællet, skåret i 1/2-tommers runde skiver og frosset på et ark aluminiumsfolie
- 3 kopper skrællet og hakket mango eller en anden frugt
- 2 spsk friskpresset limesaft
- 2 tsk agave nektar
- 1/8 tsk salt
- Mynte blade

Vejbeskrivelse
a) Kom alle ingredienserne i skålen på en foodprocessor udstyret med stålkniven eller i en blender, og kør, indtil de lige er flydende, glat og cremet.
b) Pynt med mynte.

79. Grillede bananer i kokossauce

4 portioner

ingredienser
- 1/2 kop lite kokosmælk
- 2 spsk agave nektar
- 1 spsk vand
- 4 bananer, skrællede

Vejbeskrivelse
a) Lav kokossaucen. Bring kokosmælk og agavenektar i kog i en lille gryde.
b) Grill bananerne og server. Varm en grill eller grillpande op.
c) Pensl bananerne med noget af kokossauce, gem resten, og grill på begge sider, indtil de har grillmærker og lige er begyndt at blive bløde. Lad være med at overkoge dem, ellers falder de fra hinanden.
d) Server bananerne toppet med lidt mere af saucen.

80. Mango sorbet

8 tredje kop portioner

ingredienser
- 2-1/2 kopper skrællet, frøet og hakket mango
- 3-1/2 spsk sukker
- Små 2/3 kop vand
- 1/2 tsk kanel
- 1/2 tsk stødt allehånde
- 1 spsk limoncello

Vejbeskrivelse
a) Blend alle ingredienserne til puré.
b) Hæld puréen i en ismaskine og frys efter producentens anvisninger.
c) Det tager normalt mellem 15 og 20 minutter.

81. Flan

6 fire-ounce portioner

ingredienser
- 1 kop fedtfri inddampet mælk
- 1 kop 2% mælk
- 1/4 kop fedtfri kondenseret mælk
- 1 tsk vaniljeekstrakt
- 2 store æg
- 4 æggehvider fra store æg
- Madlavningsspray
- 6 teskefulde agave nektar

Vejbeskrivelse
a) Forvarm din ovn til 325°F.
b) Lav flanbunden. Kombiner ingredienserne, undtagen madlavningssprayen og agavenektar, i en blender og blend indtil det er helt blandet, cirka 1 minut.
c) Forbered flanen til bagning. Spray seks 4-ounce ovnsikre ramekins med lidt madlavningsspray og læg dem i en bageform, hvori de passer temmelig tæt. Fyld ramekins til inden for 1/4-tommer af toppen med flanbasen. Hæld nok meget varmt postevand i bageformen til at komme halvvejs op ad siderne af ramekins.
d) Bag flanen. Sæt bradepanden med de fyldte ramekins i ovnen i 40 minutter, eller indtil flansene er stivnede og lige akkurat faste. Tag bageformen ud af ovnen og ramekins fra fadet.
e) Lad flansene køle af, dæk dem derefter med plastfolie og stil dem på køl, indtil de er kolde. Server hver flan toppet med 1 tsk agavenektar.

KRYDER

82. Koriander sauce

Udbytte: 3 kopper

Ingrediens
- 2 medier Løg(e), i kvarte
- 5 hvidløgsfed)
- 1 grøn peberfrugt,
- Udkernet, frøet, skåret i tern
- 12 Cachucha peber
- Stilket og frøet el
- 3 spiseskefulde Hakket rød peberfrugt
- 1 flok Koriander
- Vasket og opstammet
- 5 C i l a ntro blade
- 1 tsk Tørret oregano
- 1 kop Ekstra jomfru oliven olie
- ½ kop Rødvinseddike
- Salt og peber

Vejbeskrivelse
a) Purér løg, hvidløg, peberfrugt, koriander og oregano i en foodprocessor. Tilsæt olivenolie, eddike, salt og peber og purér, indtil det er glat.
b) Ret krydderierne, tilsæt mere salt eller eddike efter smag.
c) Overfør saucen til rene glas. På køl holder den sig i flere uger.

83. Mexicansk adobo pulver

Udbytte: 1 kop

Ingrediens
- 6 spiseskefulde Kosher salt
- 2 spsk Hvid peber
- 2 spsk Spidskommen
- 2 spsk Hvidløgs pulver

Vejbeskrivelse
a) Kom salt, peberkorn og spidskommen i en tør stegepande og kog over medium varme, indtil krydderierne er let ristede og duftende, ca. 3 min. Overfør blandingen til en skål til afkøling.
b) Kom den ristede krydderiblanding og hvidløgspulver i en krydderimølle og kværn til et fint pulver.
c) Opbevares i en lufttæt beholder; det holder i flere måneder.

84. Mexicansk grøn sofrito

Udbytte: 1 kop

Ingrediens
- 2 spsk Olivenolie
- 1 lille løg)
- Fint hakket (1/2 kop)
- 1 flok Skvalderkål, trimmet
- Fint hakket
- 4 Hvidløgsfed(e), hakket
- 1 Grøn peberfrugt
- Udkernet, frøet
- Fint hakket
- ¼ kop Koriander, hakket
- 4 Culintro blade
- finthakket (opt.)
- ½ tsk Salt eller efter smag
- Sort peber efter smag

Vejbeskrivelse
a) Varm olivenolien op i en slip-let pande. Tilsæt løg, spidskål, hvidløg og peberfrugt.
b) Kog over medium varme, indtil de er bløde og gennemsigtige, men ikke brune, ca. 5 min. under omrøring med en træske.
c) Rør koriander, persille, salt og peber i. kog blandingen i et minut eller to længere. Ret krydderierne, tilsæt salt og peber efter smag.
d) Overfør til en ren glaskrukke. På køl holder den sig i op til 1 uge.

85. <u>Mexicansk-stil svinekød rub</u>

Udbytte: 1 portion

Ingrediens
- 2 spsk Spidskommen; jord
- 2 spsk Hvidløg; hakket
- 2 spsk Koriander; frisk, groft hakket
- 2 spsk sort peber; nyknækket
- 2 spsk Salt
- 2 spsk Hvid eddike
- 2 spsk Gul sennep
- 2 spsk jalapeno peber; hakket
- 2 spsk Olivenolie

Vejbeskrivelse
a) Bland alle ingredienser og bland godt. Bruges inden for to dage efter tilberedning.
b) Gnid svinekød med krydderiblanding og ryg i $1\frac{1}{2}$ time pr. pund ved 240-250F.

86. Grøntsagsdip

Udbytte: 12 portioner

Ingrediens
- 1 kop Mayonnaise
- 1 kop Creme fraiche
- ¼ teskefuld Hvidløgs pulver
- 1 tsk Persilleflager
- 1 tsk Krydret salt
- 1½ tsk Dild frø

Vejbeskrivelse

a) Bland alle ingredienser og afkøl. Bedst lavet dag forude.

b) Server med rå grøntsager: selleri, gulerødder, agurker, peberfrugt, blomkål mv.

87. Vallarta dip

Udbytte: 16 portioner

Ingrediens
- 6½ ounce Tun på dåse -- drænet
- 1 Grønt løg - skåret i skiver
- 3 spiseskefulde Varm chilisalsa
- 4 spiseskefulde Mayonnaise
- 8 Kviste koriander, eller efter smag
- Citron- eller limesaft
- Salt efter smag
- Tortilla chips

Vejbeskrivelse
a) I en skål røres tun, løg, salsa, mayonnaise og koriander sammen. Smag til med citronsaft og salt; juster andre krydderier efter smag. Server med chips.
b) Skær grønne løg i 1-tommers længder og kom i en processor udstyret med et stålblad. Tilsæt korianderkviste og bearbejd i 3 til 5 sekunder. Tilsæt tun, salsa, mayonnaise, citronsaft og salt; puls et par gange for at kombinere.
c) Smag, juster krydderier og puls en eller to gange mere.
d) Tag ud af køleskabet cirka 30 minutter før servering.

88. Tacokrydderi

Giver 1/3 CUP

ingredienser
- Tør skal fra 1 lime (valgfrit)
- 2 spsk chilipulver
- 1 spsk stødt spidskommen
- 2 tsk fint malet havsalt
- 2 tsk malet koriander
- 1 tsk paprika
- 1/2 tsk friskkværnet peber
- 1/8 tsk cayennepeber (valgfrit)

Vejbeskrivelse

a) Dette er et valgfrit, men velsmagende trin, så jeg anbefaler det - skal 1 lime. Placer skallen enten i et lille fad på en solrig vindueskarm, tør i en dehydrator eller en ovn opvarmet til 175°F i cirka 10-15 minutter, indtil al fugt er væk.

b) Smid alle ingredienser i en skål, indtil de er godt blandet.

c) Opbevares et køligt, mørkt sted i en lufttæt glasbeholder.

89. Frisk urtet tomat-majs salsa

GØR OM 3 1/2 KOP

ingredienser
- 6,10-ounce pakke frosne majs eller
- 4 aks friske majs, skåret af kolben
- 1 stor moden tomat i tern
- 1/2 mellemstor rødløg, i små tern
- 1 jalapeñopeber, frøet og skåret i tern
- 3 spsk balsamicoeddike
- 2 spsk hakket frisk basilikum
- 2 spsk hakket frisk koriander
- havsalt efter smag

Vejbeskrivelse
a) Kom alt sammen i en stor skål og bland godt.
b) Lad sidde i 1 time ved stuetemperatur eller på køl for at lade smagene smelte sammen.

90. Hvid bønne Guacamole

Gør omkring 3 kopper

ingredienser
- 2 letpakkede kopper groft hakket/skåret moden avocado
- 1 kop hvide bønner 1/2 tsk havsalt
- 2-21/2 spsk citronsaft
- Vand, fortynde efter ønske

Vejbeskrivelse
a) Kom avocado, hvide bønner, havsalt, citronsaft og vand i en foodprocessor eller blender og blend, indtil det er glat.
b) Smag til med ekstra salt og/eller citronsaft.

DRIK

91. Kaktus Smoothie med lavt kalorieindhold

1-2 portioner

ingredienser
- 1/2 kop rensede og skåret kaktuspadlestykker
- 1 kop appelsinjuice, granatæblejuice eller en anden juice Lille håndfuld is

Vejbeskrivelse
a) Skyl kaktusstykkerne grundigt under koldt rindende vand og kom dem og saften og isen i en blender.
b) Blend indtil det er helt flydende, 1-2 minutter.

92. Atole

4 portioner

ingredienser
- 1/2 kop mel
- 1/4 tsk stødt kanel
- 1/8 tsk salt
- 5 kopper fedtfri mælk eller vand
- 4 spsk agave nektar
- 1 tsk vaniljeekstrakt

Vejbeskrivelse
a) Kom melet i en stor gryde med kanel og salt.
b) Rør langsomt mælken eller vandet i, indtil melet er helt opløst.
c) Tilsæt agavenektar og vanilje. Bring det i kog, og lad det simre ved lav varme i 5 minutter under konstant omrøring for at forhindre, at det klumper sig og klæber til bunden af gryden.

93. Champurrado

4 portioner

ingredienser
- Atole
- 2 ounce chokolade med 70 % kakaoindhold

Vejbeskrivelse
a) Tilsæt chokoladen til Atole, efter at den har simret i 4 minutter.
b) Kog i 1 minut mere, under omrøring, indtil chokoladen er smeltet.

94. Aguas Frescas

4 portioner

ingredienser
- 2 kopper frisk frugt
- 1-2 spsk friskpresset limesaft 2 dl vand
- 2-4 spsk agave nektar eller en sukkererstatning 1 kop knust is

Vejbeskrivelse
a) Purér frugt, limesaft, vand og agavenektar i en blender.
b) Si over i en kande og tilsæt isen.

95.   Horchata de Melón

Omkring 4 tolv-ounce portioner

ingredienser
- 2 spsk friskpresset limejuice (valgfrit)
- 1 moden cantaloupe, cirka 2 pund, giver omkring 1 pund ren frugt og frø, 2-1/2 kopper
- 2-1/2 dl vand
- 2 spsk agave nektar eller sukkererstatning (valgfrit)
- 1/2 tsk vaniljeekstrakt

Vejbeskrivelse
a) Kom limesaften, hvis du bruger, 1 kop vand og frugten og frøene i en blender og puré. Tilsæt resten af vandet, sødemidlet, hvis det bruges, og vaniljen og blend det godt.
b) Si Horchataen i en kande og afkøl eller server den over is.

96. Sangrita

Ca 3 kopper

ingredienser
- 2 mellemstore ancho chili, ristet og rehydreret
- 2-1/2 dl frisk appelsinjuice
- 3-1/2 spsk grenadine
- 1 tsk salt

Vejbeskrivelse
a) Kom alle ingredienserne i en blender og purér.
b) Si og afkøl blandingen inden servering.

97. Kokos æggesnaps

Udbytte: 1 portioner

Ingrediens
- 13/16 kvart Let mexicansk rom
- Skræl fra 2 limefrugter; (revet)
- 6 Æggeblommer
- 1 dåse Sød kondenseret mælk
- 2 dåser (stor) inddampet mælk
- 2 dåser Kokoscreme; (som Coco Lopez)
- 6 ounce Gin

Vejbeskrivelse
a) Bland halvdelen af rommen med limeskallen i en blender ved høj hastighed i 2 min.
b) Si og kom i en stor skål. Tilsæt resten af rom.
c) I en blender blandes æggeblommer, både mælk og gin, indtil det er godt blandet.
d) Hæld ¾ af denne blanding i en skål med rom. Bland resten med kokoscreme og blend godt. tilsæt romblandingen, blend godt og stil på køl.

98. Mexicansk æggesnaps

Udbytte: 16 portioner

Ingrediens
- 2 kopper vand
- 8 kanelstænger
- 6 store æggeblommer
- 3 (12 oz.) dåser inddampet
- 1 kop mælk
- 2 Kan kokosmælk
- 3 (14 oz.) dåser sødet
- 1 kop kondenseret mælk
- 3 kopper hvid rom

Vejbeskrivelse
a) I en 2-liters gryde varmes vand og kanelstænger op ved høj varme. Reducer varmen til medium og kog indtil væsken er reduceret til en kop. Fjern kanelstængerne og stil væsken til side til afkøling til stuetemperatur.
b) Pisk æggeblommer og inddampet mælk i en 3-quart gryde med et piskeris, indtil det er godt blandet.
c) Kog over lav varme under konstant omrøring, indtil blandingen tykner og dækker en ske - cirka 10 minutter.
d) Sæt til side.
e) Når væsken med kanelsmag er afkølet, rør i kokosmælk, indtil den er godt blandet.
f) I en serveringsskål kombineres kokosblanding, blommeblanding, sødet kondenseret mælk og rom. Afkøl godt og server.
g)

99. Mexicansk mojito

Udbytte: 2 kopper

Ingrediens
- 6 Aji dulce peber eller
- 1½ spsk Rød peberfrugt, skåret i tern
- ½ Grøn peberfrugt, skåret i tern
- 5 hvidløgsfed)
- Groft hakket
- 2 Skalotteløg, groft hakket
- 1 Tomat
- Skrællet og frøet
- 1½ spsk Kapers, drænet
- 1½ tsk Tørret oregano
- ½ kop Koriander blade
- Vasket og opstammet
- ¼ kop Tomatpuré
- 2 spsk Ekstra jomfru oliven olie
- 1 spiseskefuld Limesaft
- Salt og peber efter smag

Vejbeskrivelse
a) Traditionelt serveret som dipsauce til plantainchips og stegte mosede grønne pisang. Den er også fantastisk til at dyppe tortillachips og laver en fin cocktailsauce til rejer og andre skaldyr.
b) Kombiner peberfrugt, hvidløg, skalotteløg, tomater, kapers, oregano og koriander i en foodprocessor og kværn til en jævn puré. Arbejd i tomatpure, olivenolie, limesaft og salt og peber.
c) Overfør til en ren krukke med et ikke-reaktivt låg. På køl holder den sig i 1 uge.

100. Mexicansk rom cappuccino

Udbytte: 1 portioner

Ingrediens
- $1\frac{1}{2}$ ounce Mørk rom
- 1 tsk sukker
- Varm stærk kaffe
- Dampet mælk
- Flødeskum
- Stødt kanel

Vejbeskrivelse
a) Kom rom og sukker i et krus.
b) Tilsæt lige dele kaffe og mælk.
c) Top med fløde og kanel.

KONKLUSION

Da vi kommer til slutningen af vores kulinariske rejse gennem Tex-Mex-køkkenet, håber vi, at "Sydende Tex-Mex: A Culinary Journey through Southwestern Flavors" har antændt en passion for denne livlige og lækre madlavningsstil. Igennem denne kogebog har vi delt vores kærlighed til de dristige og krydrede smage, der definerer Tex-Mex, og vi håber, at du har nydt at udforske den mangfoldige række af opskrifter og teknikker, der præsenteres.

Tex-Mex køkken handler ikke kun om mad; det er en fejring af kultur, historie og den pulserende ånd i det amerikanske sydvest. Ved at omfavne fusionen af texanske og mexicanske kulinariske traditioner har vi skabt et unikt og uimodståeligt kulinarisk gobelin, der har fanget smagsløg over hele verden. Vi håber, at denne kogebog har givet dig mulighed for at opleve den rige kulturelle arv og smag af dette ekstraordinære køkken.

Vi opfordrer dig til at fortsætte med at eksperimentere med Tex-Mex-opskrifter ved at bruge viden og færdigheder fra denne kogebog som grundlag. Vær ikke bange for at tilføje dine egne personlige præg og udforske nye smage og ingredienser. Tex-Mex køkken er alsidigt, og det byder kreativitet og individualitet velkommen.

Husk at omfavne den fælles karakter af Tex-Mex-spisning, da den bedst nydes med familie og venner. Saml dig om et bord fyldt med sydende fajitas, krydrede salsaer og sprøde tortillachips, og nyd glæden ved fælles måltider og godt selskab. Lad aromaerne og smagene transportere dig til de solbeskinnede landskaber i Texas og Mexico, og skab varige minder med hver bid.

Vi håber, at "Sydende Tex-Mex" har inspireret dig til at begive dig ud på dine egne kulinariske eventyr, og at det har bemyndiget dig til selvsikkert at genskabe de dristige og uimodståelige retter, der gør Tex-Mex-køkkenet så elsket. Tak fordi du tog med os på denne rejse, og må dine fremtidige kulinariske bestræbelser blive fyldt med de brændende og lækre lækkerier fra Tex-Mex-køkkenet. ¡Buen provecho!

Ingram Content Group UK Ltd.
Milton Keynes UK
UKHW021149220623
423869UK00009B/43